新时代传承弘扬
红岩精神
简明读本

XINSHIDAI CHUANCHENG HONGYANG
HONGYANJINGSHEN
JIANMING DUBEN

中共重庆市委党史研究室 ◎ 编写

重庆出版集团 重庆出版社

图书在版编目(CIP)数据

新时代传承弘扬红岩精神简明读本/中共重庆市委党史研究室编写.—重庆:重庆出版社,2023.12(2024.12重印)
 ISBN 978-7-229-18266-3

Ⅰ.①新… Ⅱ.①中… Ⅲ.①革命传统教育—中国—学习参考资料 Ⅳ.①D642

中国国家版本馆CIP数据核字(2023)第236033号

新时代传承弘扬红岩精神简明读本
XINSHIDAI CHUANCHENG HONGYANG HONGYAN JINGSHEN JIANMING DUBEN
中共重庆市委党史研究室　编写

责任编辑：吴　昊
责任校对：何建云
装帧设计：刘沂鑫

重庆出版集团
重庆出版社 出版

重庆市南岸区南滨路162号1幢　邮政编码：400061　http://www.cqph.com
重庆出版社艺术设计有限公司制版
重庆恒昌印务有限公司印刷
重庆出版集团图书发行有限公司发行
E-MAIL:fxchu@cqph.com　邮购电话:023-61520646
全国新华书店经销

开本：787mm×1092mm　1/16　印张：11.75　字数：150千
2023年12月第1版　2024年12月第3次印刷
ISBN 978-7-229-18266-3

定价：59.00元

如有印装质量问题，请向本集团图书发行有限公司调换：023-61520678

版权所有　侵权必究

重庆是一块英雄的土地，有着光荣的革命传统。毛泽东同志在这里进行了决定中国前途命运的重庆谈判，周恩来同志领导中共中央南方局在这里同反动势力展开了坚决斗争，邓小平同志在这里领导中共中央西南局进行了大量开创性工作。重庆涌现了大批大义凛然、高风亮节的共产党人，如信仰坚定、不怕牺牲的赵世炎等人，英勇善战、屡建功绩的王良等人，坚贞不屈、永不叛党的江竹筠、王朴、陈然等人，严守纪律、勇于牺牲的战斗英雄邱少云，等等。解放战争时期，众多被关押在渣滓洞、白公馆的中国共产党人，经受住种种酷刑折磨，不折不挠、宁死不屈，为中国人民解放事业献出了宝贵生命，凝结成"红岩精神"。重庆要运用这些红色资源，教育引导广大党员、干部坚定理想信仰，养成浩然正气，增强"四个意识"、坚定"四个自信"、做到"两个维护"，始终在政治立场、政治方向、政治原则、政治道路上同党中央保持高度一致。

——习近平：二〇一九年四月十七日在重庆考察工作结束时的讲话
（《论中国共产党历史》）

出版说明

红岩精神是中国共产党人精神谱系的重要组成部分,是重庆这座城市鲜明的红色标识,教育和影响了一代又一代人。党的十八大以来,习近平总书记多次对红岩精神作出重要论述,深刻阐述了红岩精神所蕴含的光荣革命传统、丰富精神特质和重大现实意义。

为开启新征程,奋进新时代,深入学习贯彻习近平文化思想,进一步把学习贯彻习近平总书记关于红岩精神重要论述精神引向深入,帮助广大党员干部群众深刻理解和准确把握红岩精神,传承红色基因,赓续红色血脉,增强实现强国建设、民族复兴的精神力量,我们结合新形势新要求,在深入调研的基础上组织编写了《新时代传承弘扬红岩精神简明读本》。全书紧紧围绕红岩精神的历史本源、科学内涵、传承弘扬、红岩故事等方面,对党员干部群众所关心、关注的有关红岩精神的基本内容进行了深入浅出的解读阐释,力求做到观点权威准确,语言通俗易懂,文风清新简洁,形式活泼多样。本书可作为党员干部群众、青少年学生开展理论学习和思想政治教育的参考辅助读物。

本书编写组

2023年12月

目 录

历史本源篇 /1

红岩精神的提出 /3

艰苦的斗争环境 /11

伟大的革命实践 /19

独特的历史地位 /31

"两个结合"的典范 /37

科学内涵篇 /41

坚如磐石的理想信念 /43

和衷共济的爱国情怀 /48

不折不挠的凛然斗志 /53

坚贞不屈的浩然正气 /58

传承弘扬篇 /63

牢记殷殷嘱托，推动落地生根 /65

坚定理想信念，做到对党忠诚 /77

厚植爱国情怀，画好最大同心圆 /84

务必敢于斗争，善于斗争 /91

坚持自我革命，涵养浩然正气 /96

铸牢红岩魂，奋进新征程 /103

红岩故事篇 /111

毛泽东三顾特园会张澜 /113

佳作唱和传渝州 /117

《我的修养要则》 /121

我要坚持到最后 /124

秘密大营救 /128

董必武为六毛钱作检讨 /132

叶挺出狱第一愿 /135

宁为玉碎，不为瓦全 /139

用生命为党报警 /142

高扬我们的旗帜 /144

七月里的石榴花 /148

宁关不屈 /152

共产党员的意志是钢铁 /156

永远跟党走 /159

为真理而献身 /164

"用变秋天为春天的精神"去耕耘 /168

血与泪的嘱托 /171

后　记 /176

历史本源篇

新时代以来，习近平总书记多次对红岩精神作出重要论述。为全面准确理解红岩精神，2023年4月24日，新时代传承弘扬红岩精神学术研讨会在重庆成功举办。会议以习近平总书记关于红岩精神系列重要论述为根本遵循，在以往红岩精神研究丰硕成果基础上，坚持守正创新、与时俱进，以更加广阔的视野和更加深入的视角，对什么是红岩精神形成了新的共识。会议认为，红岩精神植根于伟大建党精神，是全民族抗战时期和解放战争时期，在党中央领导下，以毛泽东、周恩来为代表的老一辈无产阶级革命家、共产党人和革命志士，在以重庆为中心的国民党统治区，为争取民族独立和人民解放的革命斗争实践中培育形成的伟大革命精神。这一界定，全面、准确地反映了红岩精神的形成历史。

历史本源篇

红岩精神的提出

1985年10月14日，原中共中央南方局领导人、时任全国政协主席的邓颖超重返红岩，并亲笔题词："红岩精神永放光芒"。这是党和国家领导人第一次正式提出"红岩精神"的概念。后来，江泽民、胡锦涛、宋平、曾庆红、李长春、胡乔木等中央领导同志多次对红岩精神进行了不同角度的论述。特别是党的十八大以来，习近平总书记多次对红岩精神作出重要论述，深刻阐述了红岩精神所蕴含的光荣革命传统、丰富精神特质和重大现实意义，为我们在新时代全面认识和准确把握红岩精神提供了根本遵循、指明了方向。

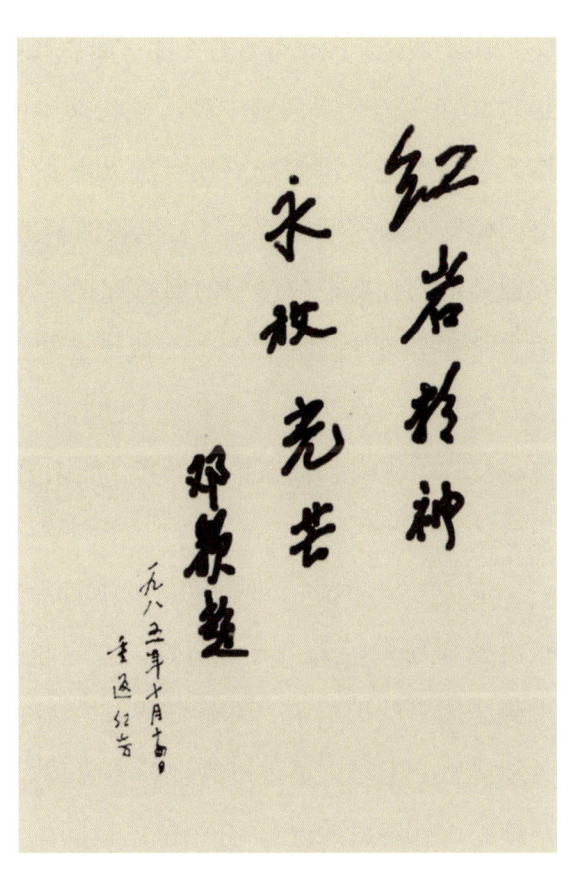

◆ 邓颖超同志的题词

红岩，原中共中央南方局暨八路军驻重庆办事处的驻地，1945年毛泽东赴重庆谈判期间也主要居住于此。1985年10月，81岁的邓颖超再次踏上了熟悉的红岩石板小道，心情格外高兴。她对红岩饱含深情。从1938年10月，邓颖超由武汉飞抵重庆出席国民参政会一届二次会议，到1946年5月3日与周恩来等人飞赴南京，除1939年和1943年两次因公返回延安外，她长期生活战斗在重庆。她的崇高品格和革命风范，深深印刻在重庆人民心里。1950年初，红岩女主人饶国模给邓颖超捎去两束红岩生长的新鲜水仙花，她为之激动不已，立即写信给在莫斯科访问的周总理说："花从重庆红岩来，又把我的脑思带回到重庆红岩去……一切往事萦绕脑际、历历如在目前，我的心情复杂，对花无言，半晌才迸出一句'百感交集'语……特寄三枝给你，到时水仙花想已干萎，能余香犹在吧。"邓颖超对红岩的思念之情，跃然纸上。

走进红岩里面，邓颖超一一指着沿路的景物向陪同的谭启龙、于汉卿等同志解说当年的情景。在这里，她反而成了大家的向导。来到饶国模的旧居前，邓颖超停住脚步，凝视着铭牌上的简介，久久地沉思。工作人员还以为她看不清楚，重新读了一遍简介给她听。待读完，她感慨地说："介绍饶国模同志，不能就这样轻飘飘地说几句哟！你们可知道刘太太是在什么情况下支持我们党的？当年，我们刚到重庆，条件很艰苦，在市内机房街租的房子被日本飞机轰炸了，没有房子住。在我们十分困难的时候，饶国模同志把她大有农场的房子借给我们住，又让我们在农场内修建办事处。没有刘太太，哪有我们的红岩哟！"随后，她专门到红岩山谷深处的饶国模墓前默

历史本源篇

◆ 1985年10月,邓颖超在红岩

哀致意并献上了一束鲜花,表达缅怀之情。

来到办事处旧址大楼前,邓颖超站在石阶上,看着这个她和周恩来曾经战斗和生活过的地方,往事如潮水般地涌现在她的脑海里。她对陪同参观的人们说道:"你们还记得我和恩来在这里照的一张相吗?有一次日机轰炸,我们都躲在防空洞里。这次日机轰炸得十分厉害,连防空洞口也落了炸弹。从防空洞出来后,见办事处大楼也给震垮了一部分,我和恩来就在这被震垮的楼前照了一张相。我们照这张相的目的,就是为了表示我们不怕轰炸,表示我们无所畏惧。"说到这里,邓颖超稍微停顿了一下,然后用十分地道的重庆话补充道:"不然没得意义,照它做啥子哟!"她的风趣幽默,引得周围的人们都笑了起来,她自己也开心地笑了。

来到办事处礼堂休息时,重庆的同志想请邓颖超题字,她欣然应允。邓颖超之前从来没有给红岩写过字,她在考虑着该写什么。当时她的秘书赵炜俯下身子,轻声建议,但邓颖超只是听着没有动笔,她自己在思考着、斟酌着。过了一会,她写下"红岩精神永放

◆ 1940年5月，日机空袭后，周恩来、邓颖超特地站在被震垮的墙体和大门前合影

光芒"，落下"邓颖超"三个字之后，驻笔沉思。秘书赵炜又悄声说："于红岩。"邓颖超摇了摇头，郑重落笔写下"重返红岩"。"于"和"重返"，一词之差，却足见邓颖超对红岩的深深眷恋。离开红岩

的时候，邓颖超向簇拥在周围的人们挥手致意，再次用重庆话说："红岩的事情就拜托你们了！"

走进红岩·组织

中共中央南方局

中共中央南方局，是全民族抗战时期和解放战争初期中共中央派驻国民政府所在地重庆的秘密领导机关。1939年1月，根据党的六届六中全会的决定，中共中央南方局在重庆成立，周恩来任书记，周恩来、博古、凯丰、吴克坚、叶剑英、董必武为常委，另有邓颖超等七位同志为委员。其主要职责有：一是代表党中央与国民党当局谈判、交涉，与各党派和各界人士交往，维护国共合作抗战大局，巩固和发展抗日民族统一战线；二是领导云南、四川、贵州、湖北、湖南、广东、广西、江苏、上海、江西、福建以及港澳等地的党组织和党的工作，领导华南、西南地区的敌后武装斗争；三是领导设立于上述地区的八路军（新四军）办事处和新华日报社、群众周刊社等公开机构。由于国民党不允许共产党组织在其统治区公开活动，因而中共中央南方局处于秘密状态，其领导人对外以中共代表或国民参政会参政员的身份公开活动。中共中央南方局从建立到1946年5月东迁南京，先后由周恩来、博古、董必武、王若飞等担任书记或者代理书记。

> 走进红岩·旧址

中共中央南方局暨八路军驻重庆办事处办公大楼[①]

位于重庆市渝中区红岩村52号，是一栋两楼一底的深灰色砖木结构建筑。一楼是公开机关八路军驻重庆办事处的办公场所，二楼是南方局机关和负责人的办公室兼卧室，三楼是南方局机要科和秘密电台所在地。

1939年1月，中共中央南方局、八路军驻重庆办事处在重庆成立，最初的办公地点设在重庆城内的机房街70号。但由于城内住房不够使用，加上日机轰炸，很不安全，周恩来指示工作人员在近郊另觅新址。在征得大有农场主人饶国模的同意后，中共中央南方局工作人员自己设计建设，于1939年秋建成了这幢楼房，自此成为中共中央南方局暨八路军驻重庆办事处同志们工作、生活的主要场所。红岩由此成为中国共产党在南方国统区的指挥中心，直至1946年5月中共中央南方局东迁南京。毛泽东、周恩来、董必武、叶剑英、邓颖超等都在此工作生活过。

[①] 1937年8月22日，国民政府军事委员会发布命令，将红军改编为八路军，任命朱德为总指挥、彭德怀为副总指挥。9月11日，国民政府军事委员会按全国海陆空军战斗序列，将第八路军改称第十八集团军(此后仍沿称八路军，其指挥机关仍简称总部)，朱德改任总司令，彭德怀改任副总司令。

周公馆（曾家岩50号）

位于重庆市渝中区中山四路，是一座两进院、三层高的建筑。1939年2月，邓颖超以周恩来的名义（当时还担任国民政府军事委员会政治部副部长）租用了曾家岩50号一、三层和二层东侧的几间房屋，对外称"周公馆"，以此作为中共中央南方局在城内的一个主要办公地点。中共中央南方局文委、妇女组、军事组、外事组等常驻于此。重庆谈判期间，毛泽东曾在此接见中外各界人士。1946年5月，周恩来、董必武先后率中共代表团、中共中央南方局、八路军驻重庆办事处大部分人员离开重庆前往南京。曾家岩50号又成为中共代表团驻渝联络处和公开的中共四川省委机关驻地。

新华日报总馆

　　位于重庆市渝中区化龙桥虎头岩村。《新华日报》是全民族抗战时期和解放战争初期中国共产党在国统区唯一公开出版发行的大型报纸，于1938年1月11日在武汉正式创刊，在此之前的1937年的12月11日出版了政论性杂志《群众》周刊。武汉沦陷后，新华日报总馆迁到重庆市区，后因大轰炸迁往化龙桥虎头岩，群众周刊社设在新华日报总馆内。《新华日报》在重庆出版发行8年多，坚持至1947年2月被国民党查封，赢得了广大群众和进步人士的称赞，成为摧不垮的坚强堡垒，被毛泽东赞誉为"新华方面军"。

历史本源篇

艰苦的斗争环境

任何"精神"都植根于特定的历史环境，红岩精神是中国共产党在国统区特殊环境下的特殊斗争中形成的。与根据地相比，我们党在国统区没有政权、没有军队，缺乏各种社会资源，除周恩来等中共代表以及八路军驻各地办事处等公开机构外，从总体上看，党组织在国统区不仅处于秘密和非法状态，在力量上处于绝对的劣势，而且国统区社会政治体系、意识形态、上层建筑等也是排斥共产主义思想和中国共产党的。即使是在第二次国共合作期间，国民党顽固派也经常在军事上制造摩擦、政治上制造分歧，先后发动三次反共高潮，政治气候可谓"阴霾压城、白色恐怖"；国民党特务还采取监视盯梢、威逼利诱、秘密屠杀等伎俩，企图从政治信仰、意识形态、社会生活方面渗透、分化和瓦解党的组织和党员。叶剑英曾赋诗句"虎穴坚持神圣业"，生动形象地反映了红岩精神形成的历史环境。

国民党一直视共产党为"眼中钉、肉中刺"，制定了"溶共、限共、防共"的反共方针，制造摩擦、分歧，意图消灭共产党。这在蒋介石身上表现得淋漓尽致。1938年12月6日，蒋介石在桂林会见周恩来，企图借统一战线之名从政治上消灭共产党，提出把共产党合并于国民党之中，遭到周恩来明确拒绝。事隔6天，蒋介石又在重庆约见董必武、博古、吴玉章等人，表示将两党合成一个组织是他的责任,"这个根本问题不解决,一切均无意义",甚至"死了心也不安,抗战胜利了也没什么意义","这个意见至死也不变"。他还特地对吴玉章说:"你是老同盟会,国民党的老前辈,还是回到国民党来吧!"吴玉章说:"我相信共产党是相信马列主义社会科学的真理,深信只有共产主义才是社会发展的正确道路,

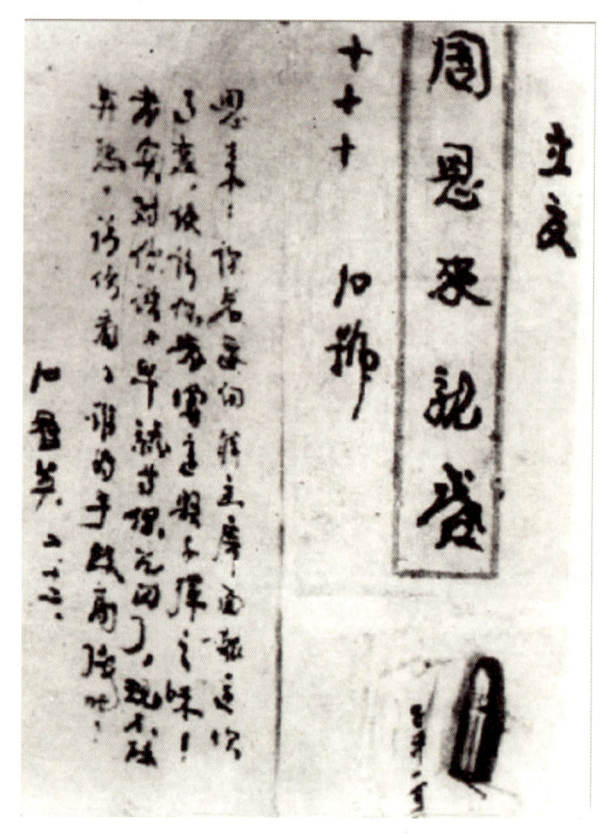

◆ 1946年2月,较场口事件后,特务给周恩来写恐吓信,并寄上子弹一颗。周恩来收到后一笑置之,当即到医院慰问较场口事件中受伤人员

不能动摇,如果我'二三其德',毫无气节,你也会看不起吧!"尽管一再遭到拒绝,但蒋介石仍没有死心。1939年1月20日,蒋介石约见周恩来,再次提出国共两党合并成一个大党的事,又一次碰壁。随后,周恩来向蒋介石转达中共中央发出的《为国共两党关系问题致蒋介石电》,明确指出"两党为反对共同敌人与实现共同纲领而进行抗战建国之合作为一事,所谓两党合并,则纯为另一事。前者为

现代中国之必然，后者则为根本原则所不许"；强调"共产党绝不能放弃马克思主义之信仰，绝不能将共产党组织合并于其他任何政党"。由此，国民党"溶共"的企图彻底破灭，中国共产党保持了在抗日民族统一战线中的独立自主地位。

在这样的大背景下，国统区党组织随时有被破坏，人员随时有被捕牺牲的危险。当时在重庆，周恩来是共产党的代表，还担任国民政府军事委员会政治部副部长。国民党迫于社会舆论及国际影响，不敢对周恩来及八路军办事处的同志下手，于是在曾家岩的门口开了一个茶馆，特务们装成喝茶的客人对他们进行严密的监视。凡是周恩来、邓颖超亲自送出来的客人，不跟踪；凡是自己推门进入周公馆，进去后又把门关上，出来时没有人送的，就一定要进行跟踪。为避免被发现，特务没有用汽车、摩托车跟踪，而是用人海战术，守在各个路口，一站一站地跟。周恩来的汽车是39型的"雪佛兰"，车牌号1247，特务们都认识。由于曾家岩50号地方太小，汽车停放在外面马路，每天从早到晚，特务常要去看看车子在不在，什么时候出去、什么时候回来都要记下来。一旦汽车从曾家岩出发，特务就通知沿途人员进行监视。从曾家岩出发一般只有三条路，一条从上清寺到两路口进城，一条从两路口到国府路，一条到化龙桥、红岩（村）、小龙坎。特务一看车往哪个方向走，就通知那条路上的特务注意监视，只要车一停，就能看到特务在附近伸手看表记时间，抬头望门牌。如果没有发现这车子，特务就分散开，大街小巷到处找，直至找到为止。在皖南事变之前，国民党只对隐蔽的共产党员随时抓捕，皖南事变后，国民党已准备好待国共关系破裂之时，马上就把公开的和秘密的共产党员一网打尽。当时国民党特务部门已拟好一个名单,结果被我党从事隐蔽战线工作的同志发现,其第一页上面就赫然写有周恩来、叶剑英、董必武、邓颖超等人的名字。毛泽东在1941年1月22日对新华社记者讲话中公布了这个名单。戴笠非常生气,责令追查这件事,说这份名单如果是共产党推测的,怎么可能连姓名顺序都和军统名单上的一模一样。

不仅如此,国统区物欲横流,纸醉金迷,灯红酒绿,"前方吃紧,后方紧吃",社会环境犹如一个"大染缸",这也考验着共产党人。1942年9月,八路军驻西安办事处处长伍云甫来到重庆,他在日记中详细记载了当时红岩村工作人员的物资供应情况:津贴,电台最高15元,最低9元;夜餐每人每月45元不分等级;保健分180元、140元、100元三等,"以身份、工作、资历为标准,任何人均可享受"。这些钱有多大用途呢?当时重庆城里的公共汽车票价"每次3元,不分远近",即最高津贴15元只能坐5次公共汽车,最高的保

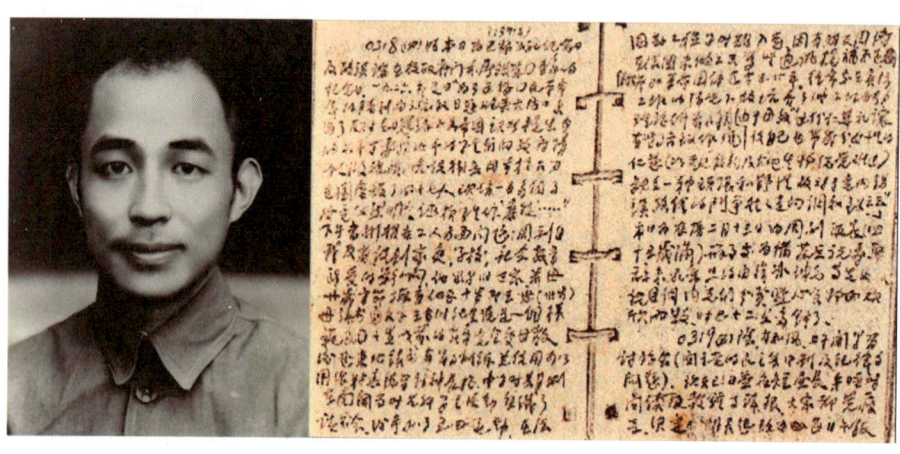

◆ 伍云甫和他在红岩写的部分日记

历史本源篇

健费只能坐60次公共汽车。为红岩村共产党人开车的司机，每人每月津贴100元，后增加到150元。而驾驶从上清寺到城郊的马车的马车夫，每人每天可挣得180元，除去伙食费和马料，也可净得120

◆ 红岩同志们上下一心，自力更生，开荒种地，饲养猪禽，像延安一样开展大生产运动，用自己勤劳的双手改善生活。图为邓颖超（右二）、钱之光（右三）在红岩水坝挑水

元。也就是说,红岩村司机一月的收入,只相当于重庆马车夫一天的收入。当年战斗在国统区的共产党人,开展革命斗争的条件都是十分艰苦的。然而,他们却始终能以达观的心态直面艰苦,坚守使命、积极隐蔽、自谋生计、自食其力,在极为困窘的生活境况下却以昂扬的精神状态从事革命工作。

走进红岩·旧址

新华日报营业部

位于重庆市渝中区民生路,原为四川聚兴诚银行。1939年5月,设在重庆苍坪街69号的新华日报营业部被日机炸毁,几经辗转于1940年11月迁入此地。底楼是营业部书报刊门市,销售各种宣传抗战的进步书刊。

这里不仅是中共机关报刊《新华日报》和《群众》周刊发行销售的前沿阵地,也是周恩来、董必武、王若飞等中共中央南方局领导人开展统战工作的重要场所。重庆谈判期间,毛泽东曾到此看望营业部工作人员。新华日

报营业部在此战斗近6年,为动员民众抗战和宣传中共的政治主张作出了重要贡献。1946年2月,这里被国民党特务捣毁后,营业部迁至德兴里39号星庐,直至1947年2月被国民党重庆当局查封。

桂园

位于重庆市渝中区中山四路,原是国民政府军事委员会政治部部长张治中将军的公馆。重庆谈判期间,张治中特地将此处让出,作为毛泽东在城内办公会客的场所。毛泽东、周恩来在此多次会见各方人士,这里也是国共谈判的场所之一。1945年10月10日,国共双方代表在此签署了《政府与中共代表会谈纪要》(即《双十协定》)。

特园

　　位于重庆市渝中区上清寺嘉陵桥东村。特园是著名爱国民主人士鲜英的公馆（因鲜英字特生，故名为"特园"）。这里曾是中共和各民主党派活动的重要场所之一，是中国民主同盟和中国国民党革命委员会前身之一的三民主义同志联合会的诞生地，被董必武誉为"民主之家"，更因重庆谈判期间毛泽东数次到访而名满天下。

伟大的革命实践

　　伟大的实践孕育伟大的精神。红岩精神，形成于以毛泽东、周恩来为代表的老一辈无产阶级革命家、共产党人和革命志士，在以重庆为中心的南方国统区为争取民族独立和人民解放的伟大革命实践中。党在国统区风雨如磐的斗争岁月中创造的伟大业绩和光荣历史，与党领导根据地和解放区战场相互配合，共同谱写了党领导的新民主主义革命的壮丽历史画卷，永远地镌刻于中华民族独立和人民解放的光荣史册上。

　　全民族抗战时期，以周恩来为代表的中共中央南方局坚决贯彻执行党中央方针政策，维护国共合作，坚持抗战到底，最大限度地争取中间势力，造就革命文化大军，领导华南、西南等地人民武装力量，开展隐蔽斗争，突破国民党外交垄断，全面加强党的建设，为争取民族独立和人民解放作出了卓越贡献。抗战胜利后，毛泽东以弥天大勇亲赴重庆同国民党当局谈判，迫使国民党签署了有利于人民的《政府与中共代表会谈纪要》，即《双十协定》。解放战争时期，重庆地区的党组织先后在中共中央南方局、中共四川省委、中共川东临委、中共川东特委的领导下继续在险恶环境中开展英勇斗争，最终配合人民解放军迎来重庆解放。其中被关押在狱中的共产党人，经受住种种酷刑折磨，不折不挠、宁死不屈，为中国人民解放事业献出了宝贵的生命。

以周恩来为代表的中共中央南方局对红岩精神的培育，体现在坚定地、创造性地执行党中央的路线方针政策，为维护民族大义殚精竭虑，为争取人民解放事业披肝沥胆之中。他们功高不居、位尊不傲、艰苦朴素、大公无私；他们严于律己、宽以待人、言行一致，表里如一；他们相忍为国、胸襟博大、团结多数、顾全大局。在纷繁忙碌的日常工作中，他们率先垂范，在惊涛骇浪的对敌斗争中，他们身先士卒。面对皖南事变后国民党顽固派随时可能发起的袭击，周恩来毅然向中央表示"我要坚持到最后！"当红岩经费出现6角钱支出不能平账时，分管行政的董必武主动向中央做检讨。当国民党特务包围驻地时，处变不惊的吴玉章笑曰："此处便是我好的死所！"

◆ 1939年初，中共中央南方局部分领导人和有关机构负责人在机房街驻地合影。左起：王炳南（外事组组长）、董必武（常委）、叶剑英（常委）、钱之光（办事处处长）、凯丰（常委）、吴克坚（常委）

中共中央南方局组织系统表（1939年1月至1946年5月）

1939年1月至1945年12月期间
书记：周恩来（周恩来离渝期间，博古代理书记，博古牺牲后由王若飞代理主持过南方局工作）
常委：博古、凯丰、叶剑英、董必武
委员：博古、凯丰、叶剑英、董必武、吴克坚、邓颖超、王若飞、徐特立、廖承志、张文彬、刘晓、高文华

1945年12月至1946年5月期间
周恩来作为中共代表团首席代表并分管南方局（重庆局）
书记：董必武，副书记：王若飞
委员：董必武、吴玉章、何凯丰、钱之光、潘梓年、熊瑾玎
候补委员：章汉夫、刘少文、王世英、童小鹏、王梓木、许涤新、张友渔、夏衍

组织部部长：先后是博古、孔原、刘少文、钱瑛
宣传部部长：董必武，副部长：叶剑英
统战工作委员会书记：董必武，副书记：张晓梅、刘光
妇女运动委员会书记：邓颖超
青年工作委员会书记：蒋南翔、刘光
文化工作委员会书记：周恩来，副书记：凯丰（凯丰回延安后周恩来兼任）
宣传组：（负责人不详）
经济组组长：先后是钱之光、许涤新
外事组组长：王炳南，副组长：陈家康、龚彭
工人组由蔡书彬负责
国际问题研究室主任：博古，龚汉夫负责
社会部工作由博古负责（1940年冬博古回延安后周恩来兼管）
敌后工作委员会书记：钱之光
剑英工作组由叶剑英负责
秘书处处长：童小鹏

八路军驻重庆办事处和新四军驻重庆办事处长：潘梓年
新华日报社社长：潘梓年
八路军驻桂林办事处长：李克农
八路军驻香港办事处长：廖承志
香港统战工作委员会书记：廖承志
桂林统战工作委员会书记：李亚群
云南省工委书记：先后是李群杰、马子卿
贵州省工委书记：邓止戈
川康特委书记：罗世文，副书记邹风平
湖南省委书记：高文华
湘鄂西区委书记：钱瑛
江西省委书记：先后是曾山、郭潜
广东省委书记：先后是张文彬、尹林平
闽西南潮梅特委书记：方方，副书记：谢育才
广西省工委书记：陈岸
南方特委（1944年3月至1945年7月由南方局直接领导）书记：廖志志，委员：夏衍、潘汉年、周楠
香港文化工作委员会书记：廖承志，委员：夏衍、潘汉年、胡绳、张友渔

党派组负责人：周恩来，董必武
军事组组长：叶剑英，副组长：王梓木、钱之光
妇女组组长：邓颖超，副组长：张晓梅、刘光
青年组组长：先后是蒋南翔、刘光
新闻组组长：徐冰，副组长：章汉夫、冯乃超、何其芳
文化组组长：周恩来，副组长夏衍、冯乃超、何其芳
书店组：（负责人不详）

西南工作委员会
（1940年秋冬至1942年春）
书记：孔原，钱瑛
委员：孔原、钱瑛、廖志高、于江震、蔡孝彬
西南工委撤销后，所属各省委仍由南方局直接领导

南方工作委员会
（1940年冬至1942年冬）
书记：方方
副书记：张文彬
委员：方方、张文彬、涂振农（1942年版变）、王涛
郭潜（1942年版变），所属各省特委直属南方局领导

云南省委书记：先后是马子卿、涂国林、郑伯克
湘鄂临时区委书记：何（功伟）
贵州临时工委负责人：邓止戈、孙敬文、王茂中
川东特委书记：廖志高、陈于彤、曾碚
川康特委书记：先后是程子健、荣高棠、王玫中

江西省工委书记：谢育才
闽南特委书记：先后是朱曼平
湖鄂临时工委书记：朱美南，副特派员李平
湖南工委书记：林美南，副书记文平
粤北省委书记：梁广
琼崖特委书记：冯白驹，副书记：钱兴
广西省工委书记：冯白驹，副书记：苏曼，负责人：黄彰

文艺组组长：夏衍，成员：于伶、杨刚
学术组组长：王若飞，副书记：林鹤逸
新闻组组长：陈曦、胡绳、张友渔

他们的人格魅力和精神风范像一个巨大的磁场，不仅把国统区广大爱国人士"吸附"在党的周围，也吸引了正直的国际人士的关注，受到他们的赞誉。时任美国驻华外交官员的费正清在日记中写道："居住在周公馆里的共产党人……虽然他们现在随时有被捕并被投入集中营的危险，但他们仍然本着惊人的团结精神和坚定信仰照旧开展革命工作。……在周恩来所住的阁楼里，臭虫可能会从顶棚上掉下来，雨水也许会漏到床上，但他们的思想信念照旧如火如荼，绝不动摇。"后来，一位红岩老人也曾深情地回忆："红岩嘴是我们昔年的战斗的'宝塔山'，也是我们早年受教育的红色母校。正是在红岩嘴，我们受到恩来、必武、颖超等同志的言传身教；学会做人，学会做共产党人；学会斗争，善于斗争。勇往直前，锐进不已。这儿是革命家庭，浓情厚谊的熏陶，丹心、爱心、热心，同心同德，服务人民。我们在这里获得过高洁的爱，获得共产主义真理的教导……"

毛泽东对于红岩精神的培育，体现在毛泽东思想是红岩精神的重要理论来源，体现在他作为党的主要领导人，除了从全局高度领导国统区工作，还多次召开政治局会议听取中共中央南方局工作汇报，并经常就国共谈判、国民参政会、党建、统战、《新华日报》等具体工作作出重要指示，甚至从1943年4月5日起他开始直接联系和分管八路军驻重庆办事处的工作。更为重要的是，毛泽东在重庆谈判中广泛接触中外各界人士，并表现出争取中国光明前途的使命担当，表现出卓越政治智慧、驾驭全局的非凡才能，敢于斗争、善于斗争的政治品格，海纳百川的宽广胸怀等，充分展示了他作为中国

历史本源篇

◆ 1945年8月28日,毛泽东应蒋介石邀请赴重庆谈判。图为毛泽东离开延安时在机舱内向欢送群众挥手致意

◆ 1945年8月28日下午,毛泽东在周恩来等陪同下飞抵重庆九龙坡机场

共产党领袖的人格魅力和崇高风范。一则"三顾特园会张澜"的佳话,一首脍炙人口的《沁园春·雪》,生动地反映了毛泽东与爱国民主人士交往的深厚情意;一封封重庆职员、学生、工人、农民、家庭给毛泽东热情洋溢的来信,无不体现了人民群众对于代表自己根本利益的中国共产党和领袖毛泽东的衷心爱戴和拥护信赖;一些外国友人也因毛泽东认识了共产党从而认为"中国的未来,是属于中国共产党的"。毛泽东赴重庆谈判,书写了红岩精神的光辉篇章。毛泽东回到延安后感慨地说:"我这次在重庆,就深深地感到广大的人民热烈地支持我们,他们不满意国民党政府,把希望寄托在我们方面。我又看到许多外国人,其中也

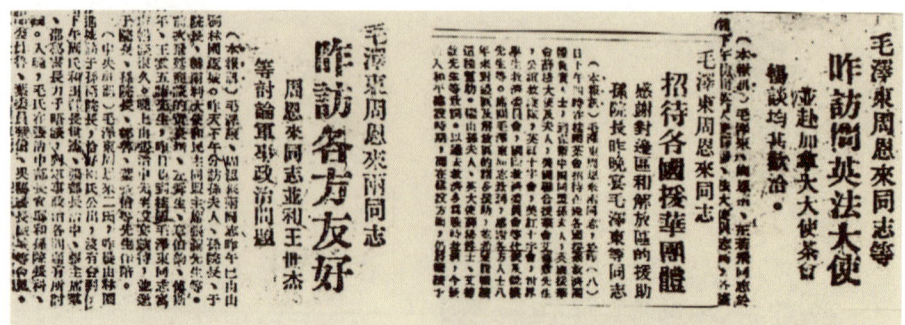

◆ 重庆谈判期间,《新华日报》刊载的毛泽东、周恩来开展访问各方友好人士的报道

有美国人,对我们很同情。广大的外国人民不满意中国的反动势力,同情中国人民的力量。我们在全国、全世界有很多朋友,我们不是孤立的。"

◆ 1945年9月12日,毛泽东在红岩村会见许德珩夫妇,勉励他们把民主与科学座谈会搞成一个永久性的政治组织。1946年5月4日,九三学社成立大会在重庆青年大厦正式召开。图为重庆市渝中区人民公园内的九三学社成立旧址纪念碑

历史本源篇

战斗在以重庆为中心的南方国统区的共产党人和革命志士用青春、热血甚至宝贵生命凝结成红岩精神。他们为了完成党所赋予的任务,不论是从事公开或秘密的工作,从事上层或基层的工作,都具有坚强的党性、严格的自律和坚韧的战斗精神,在革命顺利时,不骄不躁;当暗流袭来时,不灰心气馁,不怕牺牲,在任何情况下都能保持革命本色。学生党员勤奋学习,品学兼优,成为同学中学习的榜样;有职业的党员,踏实吃苦,钻研业务,是各行生产工作的骨干;工商界的党员,白手起家为党组织筹措经费,虽成"富翁"却两袖清风;深入敌人虎穴的党员,虽已为"官"却红心向党;被关押在狱中的众多共产党人,身陷囹圄,仍视革命

◆ 渣滓洞看守所位于重庆市沙坪坝区歌乐山麓。1949年11月27日,国民党反动派对关押在此的革命者进行了大屠杀,180人遇难。图为渣滓洞看守所旧址

新时代传承弘扬 *红岩精神* 简明读本

◆ 白公馆看守所位于重庆市沙坪坝区歌乐山麓。1949年11月27日,国民党反动派对关押在此的革命者进行大屠杀,近30人殉难。图为白公馆看守所旧址

气节为生命,以"只要一息尚存,誓为真理而抗争"的坚定态度笑对死亡。正是他们坚持真理、无畏牺牲的顽强奋斗,才使红岩精神成为了枝繁叶茂、生命不竭的长青之树,成为了中国共产党人精神力量的象征。

走进红岩·组织

公开的中共四川省委

◆ 时任中共四川省委书记的吴玉章

1946年4月22日，经中共中央南方局建议、党中央批准，以吴玉章任书记的中共四川省委在重庆正式成立。4月30日，周恩来在中外记者招待会上，公开宣布中共四川省委成立。公开中共四川省委，是中共中央南方局借国民党在政协会议上承认各党派合法地位后所采取的一个重要举措。公开中共四川省委的存在，不仅有利于党在重庆及西南地区继续开展统战工作，继续进行合法的政治斗争，也有利于在中共中央南京局（1946年5月，中共中央南方局东迁南京，改为中共中央南京局）领导下，协调西南四省党的工作。中共四川省委继承中共中央南方局的事业，一面加强党的建设，以稳慎吸收、逐渐扩大的方针发展党员，积极恢复和发展党的秘密组织，并着手在农村建立"两面政权"的据点，掌握武装；一面继续加强统一战线，发展群众运动，争取和平民主，还先后举行李公朴、闻一多追悼会和陶行知追悼会等活动，团结鼓励各党派和社会各阶层继续为和平民主而奋斗。在中共四川省委的领导下，重庆展开了以抗暴运动为新起点的爱国民主运动，成为国统区第二条战线的重要组成部分。

中共川东临委

1947年3月，由于国共两党关系完全破裂，中共四川省委和新华日报社被迫撤离重庆返回延安。一时之间，重庆各地党组织暂时与上级领导失去联系。不久，中共重庆市委与中共中央上海局的钱瑛取得联系。钱瑛指示重庆党组织放手发展，并责成重庆市委书记王璞清理联系川东地区党组织。1947年5月以后，重庆市委陆续与重庆及川东地区各级组织接上关系。10月，以王璞为书记的中共川东特别区临时工作委员会（简称"川东临委"）在重庆成立，统一领导重庆和上、下川东地区，以及川南、黔北部分地区党的工作。川东临委成立后，把工作重点放在农村，于1948年先后发动奉大巫起义、梁大达起义、华蓥山起义，由于敌我力量悬殊，各处起义均遭失败。同年4月，由于《挺进报》被破坏，重庆市工委书记刘国定、副书记冉益智等人被捕后叛变使川东党组织遭到严重破坏，川康和上海党组织受到牵连被破坏。在这一事件中，先后被捕的党员干部达133人。这是自抗战爆发以来，川东党组织所遭受到的最大一次破坏。

◆ 时任中共川东临委书记的王璞

中共川东特委

在川东党组织遭到严重破坏和武装起义失败后，劫后余生的共产党人并未因此消沉，他们仍以坚定的信念，继续在险恶环境中战斗。1949年1月，根据中共中央上海局的指示，以萧泽宽任书记的中共川东特别区委员会（简称"川东特委"）在重庆成立。川东特委把工作重点从农村转移到城市，不再搞农村武装起义，积极贯彻"迎接解放，配合接管"方针，开展统战和策反、护厂护校等斗争，有力地配合了人民解放军的胜利进军，使重庆基本完整地回到了人民的手中，为人民解放军顺利接管创造了条件。1949年11月30日，重庆解放。12月，人民解放军与川东党组织举行会师大会。此时，川东地区共有党员1万余名，其中重庆市区内有党员488人。党领导的外围组织成员达千余人。川东特委胜利完成了自己的使命。

> 走进红岩·旧址

"11·27"死难烈士之墓

位于重庆市沙坪坝区歌乐山麓，包括大型群雕《浩气长存》、纪念广场等。1949年11月30日，重庆解放后，人民政府收殓烈士遗骸在此进行合葬。1955年，在此正式落成"11·27"死难烈士之墓和烈士纪念碑。1986年在原"11·27"烈士纪念碑址上，由重庆市少年儿童集资、人民政府修建的大型群雕《浩气长存》落成，邓颖超撰《烈士群雕铭》。群雕用红色花岗石制成，像高10米，分为"宁关不屈""前仆后继""坐穿牢底""迎接曙光"四个面。每年在此开展"清明祭英烈"、全国烈士纪念日、"11·27"祭扫等爱国主义教育和革命传统教育活动上百场。

独特的历史地位

2021年2月，习近平总书记在党史学习教育动员大会上的重要讲话中指出，红岩精神是中国共产党人精神谱系的重要组成部分。这一重要论断，充分肯定了红岩精神的重要历史地位。一方面，红岩精神与我党其他革命精神所体现出来的中国共产党人肩负实现民族独立和人民解放的历史使命是相同的；所体现出来的为实现中国人民"站起来"的宏伟目标是一致的。另一方面，红岩精神又因时空环境、实践基础、发挥的历史作用等诸多特质而独树一帜。

从时间维度看，红岩精神形成于中华民族由衰败走向复兴的重大历史转折时期，整个时间跨度从1939年初中共中央南方局成立至1949年底重庆解放，历经了全民族抗战和解放战争两个历史时期，这在党的革命精神谱系中比较少见。

从空间维度看，与大多数党的革命精神形成于革命根据地或革命军队不同，红岩精神形成于党在国统区的革命实践中，集中反映了党领导的中国革命中一个重要方面——国统区革命斗争的精神风貌。不仅如此，红岩精神还是中国共产党走向世界的产物。在中共中央南方局的努力下，1944年中外记者西北参观团、美军观察组先后到延安实地访问和考察，成为中共半独立外交工作的开始。1945年，中共中央南方局领导人董必武出席在美国旧金山召开的联合国制宪会议，这是中国共产党在国际政治舞台上的首次正式公开的亮

◆ 1945年9月16日，毛泽东在红岩村接见并宴请美国驻华第十四航空队总部的霍华德·海曼（第一排）、爱德华·贝尔（第二排左二）、杰克·埃德尔曼（第二排右一）三位士兵

◆ 1945年6月26日，董必武在《联合国宪章》上签字

相，打破了国民党垄断外交的局面。重庆谈判期间，毛泽东亲自向外国友人们阐明中国共产党的对内对外政策。在此过程中，以毛泽东、周恩来为代表的中国共产党人向国际社会展示了一个充满朝气的民主大党形象和独特个人魅力，让世界重新认识了中国共产党。这是红岩精神区别于其他中国革命精神又一显著特征。

从实践维度看，国统区的环境决定了不同的领导方式和工作方式。作为伟大建党精神在国统区这一特殊战场上的传承和弘扬，红岩精神充分反映了党团结和带领国统区人民为争取民族独立和人民解放的不懈奋斗史，充分体现了毛泽东思想指导国统区革命斗争的同时得到丰富和发展的理论探索史，充分展示了我们党在国统区各级组织"成为真正的彻底的地下党，成为群众的党"的自身建设史。其中所蕴含的国统区广大党员"出淤泥而不染，同流而不合污"，彰

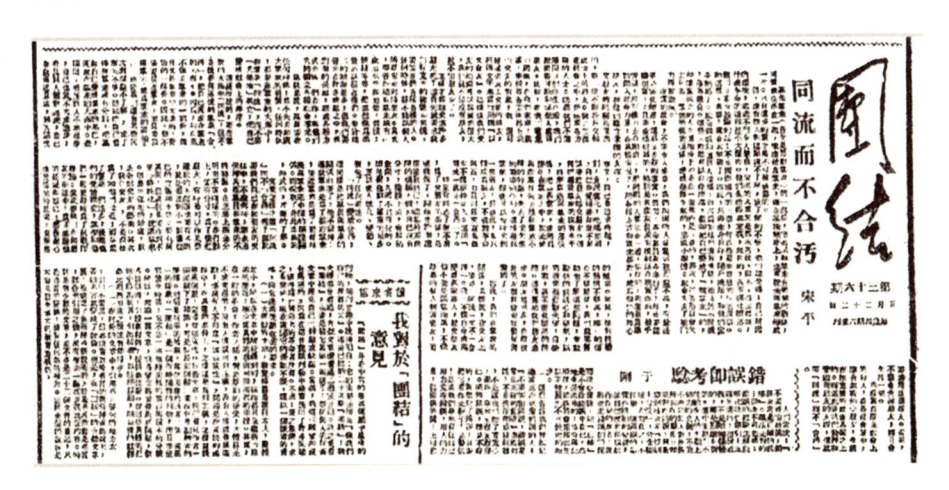

◆ 周恩来要求国统区的中共党员在工作中要善于与各种人员打交道，但必须像"六月风荷"一样做到"出淤泥而不染，同流而不合污"，始终保持共产党人的政治品质。根据周恩来多次讲话精神，1942年5月，宋平在《新华日报》上发表了《同流而不合污》一文

显了坚持真理、坚守理想的政治品格；为争取革命胜利浴血奋战、百折不挠，展示了践行初心、担当使命的价值追求；张文彬、何功伟、江竹筠、王朴、陈然等人的铮铮铁骨，展现了不怕牺牲、英勇斗争的气节风骨；血泪嘱托的"狱中八条"，体现了对党忠诚、不负人民的道德品格。

　　从发挥的历史作用维度看，红岩精神是维护团结抗战大局、夺取民族解放战争胜利的精神支撑，鲜明地体现了其对推动民族解放战争的独特作用；体现了其是实现和平民主团结、争取光明的中国之前途的力量之源；体现了以毛泽东、周恩来为代表的中国共产党人从中国人民的根本利益出发，同国民党政权开展谈判，为建立独立、自由、民主、统一和富强的新中国不懈奋斗；体现了其是反对国民党独裁专制、建立民主富强新中国的精神动力；体现了战斗在国统区的广大共产党人，在极端险恶的条件下顽强斗争，勇于牺牲的精神，最终配合党领导的解放战争主战场取得了新民主主义革命的完全胜利。

走进红岩·场馆

红岩革命纪念馆

　　位于重庆市渝中区嘉陵江畔，是重庆红岩革命历史博物馆所属纪念馆之一，负责管理中共中央南方局暨八路军驻重庆办事处旧址、周公馆（曾家岩50号）、《双十协定》签订处——桂园、中共代表团驻地旧址、新华日报营业部旧址等26处革命遗址。主要职责是保护红岩革命历史文化遗址，研究发掘革命历史文化资源，宣传弘扬红岩精神，传播革命历史和科学文化知识。

歌乐山革命纪念馆

位于重庆市沙坪坝区歌乐山麓，是重庆红岩革命历史博物馆所属纪念馆之一，负责管理白公馆看守所旧址、渣滓洞看守所旧址、"11·27"死难烈士之墓、松林坡杨虎城将军殉难地等27处文物遗址。主要职责是保护革命文物旧址，挖掘和研究革命烈士的革命事迹，大力弘扬和宣传革命精神，广泛开展爱国主义教育和革命传统教育。

历史本源篇

"两个结合"的典范

马克思主义中国化的历史,就是马克思主义基本原理同中国具体实际相结合、同中华优秀传统文化相结合的历史。作为中国共产党人精神谱系的重要组成部分,红岩精神生动诠释了"两个结合"。

红岩精神是中国共产党人坚持把马克思主义基本原理同中国具体实际相结合的结果。土地革命时期,党在国统区的工作遭到重大挫折,革命力量损失殆尽。在经历了教条主义、本本主义的惨痛教训之后,以毛泽东同志为主要代表的中国共产党人找到了农村包围城市、武装夺取政权的正确革命道路,逐渐形成了毛泽东思想并成为全党的指导思想,实现了马克思主义中国化第一次飞跃。作为中国革命的主要领导者,毛泽东非常关注党在国统区的工作,特别是从1943年4月5日起,他更是直接联系和分管八路军驻重庆办事处的工作。毛泽东提出的"巩固党,深入群众,向中间阶层发展统一战线""荫蔽精干、长期埋伏,积蓄力量,以待时机""发展进步势力,争取中间势力,孤立顽固势力"等一系列重要思想成为党在国统区开展工作的根本遵循,为红岩精神的形成提供了思想理论指导和强大政治引领。同时,周恩来等人结合国统区斗争实际,在党的建设上提出了坚持"质重于量,巩固重于发展",执行"三勤"(勤学、勤业、勤交友)、"三化"(职业化、社会化、合法化)贯彻中央"荫蔽精干"政策;在统战工作上支持和促成中国民主同盟、中国民主建国会、九三学社、

◆ 1940年5月4日，中共中央发出"放手发展抗日力量，抵抗反共顽固派的进攻"的指示，明确提出"荫蔽精干"的方针。这一方针由此成为中共中央南方局领导国统区党的工作，加强党的建设的工作指南

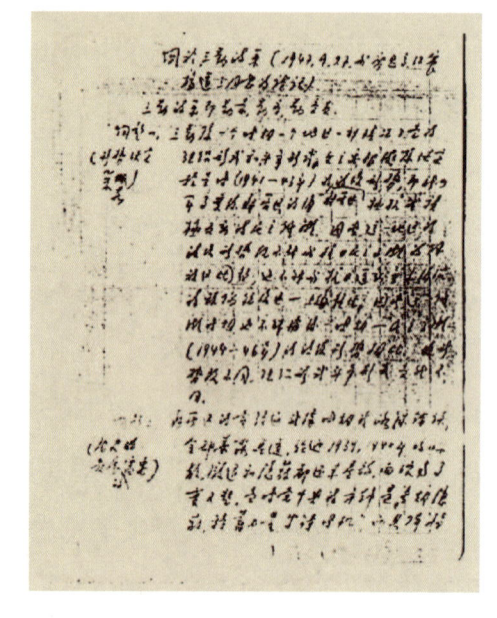

◆ 为贯彻党中央"荫蔽精干"政策，中共中央南方局根据国统区实际创造性提出"三勤""三化"政策。图为周恩来关于"三勤""三化"政策的谈话要点

历史本源篇

三民主义同志联合会等民主党派的成立；在武装斗争上领导华南地区等地抗日武装力量从小到大，从弱到强，成为党领导的敌后三大战场之一。这些成功实践极大地丰富了毛泽东思想，为党领导的新民主主义革命的胜利提供了宝贵历史经验。

红岩精神是马克思主义基本原理同中华优秀传统文化相结合的结果。红岩精神作为在中华民族生死存亡的重大历史关头产生的民族精神之花，从中华民族优秀传统文化的基因中，我们不难找到许多构成红岩精神之精神本源的文化元素。比如，战斗在国统区的共产党人，面对亡国灭种的民族危机，高举爱国主义伟大旗帜，顾全大局，相忍为国，共赴国难，充分体现了中华传统文化推崇的"以天下为己任""天下兴亡，匹夫有责"价值观；先后高举抗日民族统一战线和人民民主统一战线的旗帜，以海纳百川的宽广胸怀，把一切可以团结的力量团结在党的周围，充分体现了中华传统文化主张"和而不同"，表现出兼容并包的文化价值观；为了争取民族独立和人民解放，胸怀为真理而奋斗的坚定信念，抱定为人民解放事业而牺牲的壮烈情怀在国统区艰险复杂的环境中不畏强敌英勇斗争，

◆ 通过《新华日报》和《群众》周刊在国统区公开出版的部分马克思、恩格斯、列宁、斯大林和毛泽东的著作

充分体现了中华传统文化中"天行健,君子以自强不息""士不可以不弘毅,任重而道远"等思想;在工作中所展示出来崇高的理想信念、宽广的政治胸怀、严格的党性修养的巨大人格力量,充分体现了以儒家文化为核心的中华传统文化中崇德重义的价值取向;立足国统区实际,主要不是用枪杆子进行斗争,而是开展统一战线工作,广交朋友,以理服人,以情感人,充分体现了中华传统文化中的求是务实精神。

读懂红岩·文献

中华民族在历史上,是能自立能奋斗的民族,所以我们主张只要发动抗战,中国人民的民族意识必空前的增涨,中国人民的抗战意志,必前仆后继,至死不屈,中国人民的胜利信心,必愈因敌人的失道寡助而积久弥坚,中国人民的奋斗苦干,必愈因不断的困难需要克服而愈显其坚韧不拔……

中国的民族道德民族气节应该发扬光大,所以我们主张民族传统的忠孝仁爱信义和平,便应该大大发扬,尤其是礼义廉耻,更是民族气节之所系,必须不折不扣的实行。忠孝施于国家民族,仁爱施于同胞,信义施于友邦,和平施于人类,这都是最高的道德标准。

——1941年6月,周恩来为《新华日报》撰写的代论《民族至上与国家至上》一文,其中用中华传统文化阐述中国共产党在民族和国家问题上的立场、主张和观点

科学内涵篇

习近平总书记关于红岩精神的重要论述指出，红岩精神中最重要的就是"坚如磐石的理想信念"，强调"坚贞不屈、永不叛党"和"不折不挠、宁死不屈"，要求"经常想一想红岩先烈们的凛然斗志、英勇气概"。习近平总书记用高度概括、凝练的这些关键词，深刻揭示了红岩精神与中国共产党人实现民族独立和人民解放的初心使命、崇高理想、坚定信念是一脉相承的，充分彰显了中共中央南方局为坚持团结抗战表现出来的与国民党顽固派以斗争求团结，和与各民主党派风雨同舟的统战艺术；毛泽东为了中国的前途命运，率领中共代表团赴重庆谈判所表现出来的巨大政治勇气和高超斗争智慧；川东党组织革命斗争特别是重庆解放前夕被关押在狱中的共产党人表现出来的不屈不挠、对党忠诚的政治品格等，都是红岩精神特质丰富而鲜明的具体体现。红岩精神的科学内涵可以概括为：坚如磐石的理想信念、和衷共济的爱国情怀、不折不挠的凛然斗志、坚贞不屈的浩然正气。

坚如磐石的理想信念

坚如磐石的理想信念是红岩精神的政治灵魂。习近平总书记强调"革命理想高于天",指出没有理想信念,理想信念不坚定,精神上就会"缺钙",就会得"软骨病"。与根据地相比,我们党在国统区的斗争环境更为复杂艰险,战斗在国统区的共产党人之所以能够在恶劣的斗争环境中无私奉献并出色地完成党赋予的使命和任务,就在于他们始终坚定对马克思主义的信仰,对共产主义的信念,对党对人民绝对忠诚。

坚定马克思主义信仰。中国共产党因对马克思主义信仰而诞生,也因对马克思主义信仰而发展壮大。在马克思主义的引领下,无数战斗在国统区的共产党人奋不顾身,融入奔腾不息、浩瀚壮阔的民族独立、人民解放洪流之中。罗世文被捕后,拒绝国民党高官厚禄的诱惑,写下"决面对一切困难,高扬我们的旗帜";刘国鋕面对国民党特务提出"只要签字脱离共产党就得到释放"的劝降,斩钉截铁地回答:"我死了有党,等于没死;我如出卖组织,活着又有什么意义",这些生动诠释了对马克思主义的坚定信仰。在中国革命取得胜利的前夕,不少战斗在国统区的共产党人为人民的解放事业慷慨赴死,在生命的最后一刻,他们没有半点游移,没有一丝私利。他们用生命和热血凝结成红岩精神,迎来了新中国的成立和重庆的解放。

坚守共产主义信念。共产主义信念是无产阶级战胜困难和挫折的强大动力，激励着一批批共产党人为之奋斗终生。在风雨如晦的革命战争年代，战斗在国统区的共产党人在极端艰苦和险恶的斗争环境中，所肩负的革命任务异常艰巨和复杂，但是他们始终坚守共产主义信念，哪怕是到了最后需要献出生命，也从未动摇。江竹筠虽然身材娇小柔弱，但是信仰坚定，在失去丈夫、离别幼子后，她继续坚持革命，在严刑拷打、死亡威胁面前忠贞不屈。像江竹筠一样的共产党人，正是怀着对共产主义的崇高信仰，才会永不向敌人屈服。

对党和人民绝对忠诚。忠诚是我们党与生俱来的红色基因。回望在国统区的斗争历史，无数共产党人把对党忠诚置于至高无上的位置，不管被安排到哪里、干什么工作，也不管工作环境多么险恶，他们都把服从组织安排放在首位，心无旁骛、矢志不渝跟着党走，对党始终保持一颗赤子之心。其中被关押在重庆白公馆、渣滓洞的共产党人在生命的最后时刻，仍不忘给为之奋斗的新中国和为之奉献了热血生命的党组织留下全面从严治党的"血泪嘱托"，总结提出八条"狱中意见"，这是他们在走向刑场前，向党组织表述的赤胆忠心和殷切希望，至今仍闪烁着真理的光芒。

读懂红岩·典型

党组织比我的生命更重要

2021年9月，习近平总书记在中央党校（国家行政学院）中青年干部培训班开班式讲话中曾这样表扬刘国鋕："理想信念坚定和对党忠诚是紧密联系的。理想信念坚定才能对党忠诚，对党忠诚是对理想信念坚定的最好诠释。小说《红岩》中刘思扬的原型刘国鋕，出生于四川一个富裕家庭，因叛徒出卖被捕入狱。特务劝他，只要交出组织、登报脱党，马上可以释放。面对劝诱，他斩钉截铁回答，我死了有党，等于没死；我如出卖组织，活着又有什么意义。"

◆ 刘国鋕

刘国鋕1921年出生于四川泸州，排行老七，是大家庭中备受娇宠的幺儿。但优渥的家庭条件没有让他迷失，反而促使他积极谋求救国救民的道路。在成都建国中学读高中时，高涨的抗日救亡运动点燃了刘国鋕强烈的爱国热情。经过抗日救亡运动和马列主义洗礼，刘国鋕认识到，中国共产党才是中华民族的救星，中国共产党就是真理的化身。要实现共产主义的理想，要追求真理，必须坚定地跟党走。1940年，刘国鋕在西南联大四川叙永分校加入中国共产党，从此无论顺境逆境，都铁心跟党走、九死而不悔。

  1948年4月，由于冉益智的叛变出卖，刘国鋕在荣昌不幸被捕。军统特务头子徐远举欣喜若狂。他认为这个细皮嫩肉、文质彬彬，出身于大地主、大资产阶级家庭的少爷，不可能是真共产党，骨子里不可能相信共产主义那一套，只不过是年轻人图新鲜、赶时髦。他认为制服刘国鋕不会有多少问题。但是徐远举的判断错了，他大大低估了这位貌似文弱，革命信念却异常坚定的共产党员。对于徐远举的审讯，刘国鋕视若不见，爱理不理，一旦被问到涉及党组织的问题时，一律都用"不知道"来回答。徐远举恼怒地说道：你是拥有万贯家财的少爷，搞什么共产党，只怕你的皮肉娇嫩吃不消！徐远举诱骗他：你的上级已将你出卖，你的情况我们都知道，就看你老实不老实。刘国鋕冷言答道：既然他们什么都说了，又何必来问我？我是从马列主义、从哲学的研究中找到真理的，我坚信资本主义必然灭亡，社会主义必然胜利；我自觉自愿参加共产党，我心甘情愿为人民牺牲自己，我的意志是谁也动摇不了的；我是共产党员，我要成无产阶级的仁，取无产阶级的义。徐远举见诱骗不成便对其施以重刑，但仍然一无所获。

  刘国鋕被捕后，他的家人四处奔走营救，还动员当时的国民政府经济部部长刘航琛、四川省建设厅厅长何北衡、曾任重庆市市长的张笃伦等方方面面的关系向特务机关施加压力，要求对刘国鋕的案情"个案处理""网开一面"。但是，一直试图撬开刘国鋕嘴巴而一直未能得逞的徐远举却拒不答应。无奈，刘家又请回刘国鋕在香港开公司做生意的五哥刘国錤。他用重金打通徐远举同意放人。但是徐远举提出：刘国鋕必须在报上发表声明退出中共组织。两兄弟见面时，当刘国鋕得知被释放出去需要以退出共产党为代价时，他摇了摇头，说："我死了有党，等于没死；我如出卖组织，活着又有什么意义。"任凭五哥在一旁苦苦相劝，刘国鋕还是毅然地拒绝了哥哥的援救！

1949年3月，刘国錤再次去见徐远举，并且给他送去了空白支票，表示：你们要多少钱自己填，我们刘家只有一个要求，降低条件放人。但徐远举很顽固地提出："刘国鋕不声明退党可以，但必须认错，写悔过书。"刘国錤考虑到弟弟的倔强性格根本不可能写什么悔过书，便向徐远举提出，能不能代写悔过书，让刘国鋕签字，徐远举同意了。这样，刘国鋕第二次被带到特务办公室。刘国錤见到刘国鋕伤心地一哭再劝弟弟在这份悔过书上签字就行。看着五哥的陈述，刘国鋕明白徐远举在利用他们骨肉之情玩弄计谋。他毅然地说道："五哥，我理解你和家人对我的思念，我有我的信念、意志和决心，这是谁也动摇不了的，我自愿为共产党牺牲自己，你们不要再管我，也不要再来了！"刘国錤扑通一声跪在地上苦苦哀求自己的弟弟不要这么死心眼，要刘国鋕不为自己着想，也要为家里的人着想。但是，刘国鋕十分坚定地表示，释放必须是无条件的。就这样，刘国鋕再次拒绝了家人的援救！

1949年11月27日，在走向刑场的路上，刘国鋕从容不迫，高声吟诵了自己的就义诗："同志们，听吧，象春雷爆炸的，是人民解放军的炮声。人民解放了，人民胜利了！我们没有玷污党的荣誉，我们死而无愧！"这是一个年轻的共产党人在生命最后一刻，向人民、向组织、向祖国交出的人生答卷！

和衷共济的爱国情怀

和衷共济的爱国情怀是红岩精神的崇高品质。习近平总书记指出:"和衷共济、和合共生是中华民族的历史基因,也是东方文明的精髓。"红岩精神这一特质指向的主要内容是爱国和团结。爱国是红岩精神的基本底色,团结是红岩精神的重要表现。爱国主义是中华民族精神的核心,是中华民族团结奋斗、自强不息的精神纽带。而坚持统一战线是中国共产党百余年奋斗所积累的宝贵历史经验之一。红岩精神作为中国共产党在以重庆为中心的国民党统治区培育铸造的伟大革命精神,其彰显的和衷共济的爱国情怀无论在中华民族空前团结、一致对外的抗日战争时期,还是在追求人民民主、寻求人民解放的解放战争时期,都是贯彻始终的一条红线,是极具特色的基本特质。

顾全大局相忍为国。全民族抗战爆发后,随着日本的军事进攻,中国大片国土沦陷。面对空前严峻的民族危机,中共中央南方局坚决贯彻党的抗日民族统一战线政策,积极同国民党当局开展合作。面对国民党顽固派掀起的一系列反共事件,以周恩来为代表的共产党人从民族利益出发,坚决执行"坚持抗战,反对投降;坚持团结,反对分裂;坚持进步,反对倒退"的方针,与国民党内妥协分裂势力进行"有理、有利、有节"的斗争,以斗争求团结,把维护以国共合作为基础的抗日民族统一战线,推动抗战向前发展作为第一任务，多次挽救濒临破裂的国共关系，很好地维护了团结抗战的大局，充分展现了共产党人"顾全大局相忍为国"的高尚情操。

大道同行肝胆相照。巩固和发展最广泛的统一战线，是我们战胜困难、夺取胜利的重要法宝。全民族抗战时期和解放战争初期，中共中央南方局创造性地贯彻执行"发展进步势力，争取中间势力，孤立顽固势力"的方针，主动与各中间党派、各界人士广交朋友，并经常就国内外形势、坚持抗战的要求以及战后如何建设国家等重点问题交换意见，通过各方面工作的开展，使中间党派逐步成为与中国共产党肝胆相照、荣辱与共、长期合作的亲密朋友，为夺取中国革命胜利创造了有利条件。正如胡乔木所言："没有南方局的大量工作，就没有抗日战争时期那么一种局面，团结了大后方那么多的人，把抗战坚持下去，还保存了我们党的一大批力量；没有南方局的大量工作，就没有后来解放战争时期那样大规模的群众运动，形成那样强大的第二条战线……没有南方局在大后方进行的广泛的统一战线工作，就很难把当时国民党区域各中间党派和各方面人士团结在我们共产党周围……可以说，南方局的统一战线工作从一个方面的意义上讲，为新中国奠定了重要的政治基础。"

放眼世界广交朋友。第二次世界大战期间，为了彻底打败德、意、日法西斯，中国同美、英、苏结成广泛的国际反法西斯战线。针对这种情况，中共中央南方局在党中央的正确领导下，因势利导，制定了"宣传出去，争取过来"的外事工作方针，积极与国际社会接触，经常同外国驻华使节、援华机构人员和新闻记者会晤，广交朋友，阐述中国共产党的路线、方针和政策，以大量确凿的事实说明共产党在抗战中的贡献，揭露国民党当局消极抗日、积极反共的行径，并促成中外记者西北参观团和美军观察组访问延安，打破了国民党的外交垄断，争取国际社会对中国抗战和抗日根据地的同情和支持，为巩固和扩大国际反法西斯统一战线发挥了重要作用，也让世界重新认识了中国共产党、八路军、新四军和抗日民主根据地。

读懂红岩·典型

风雨忆同舟

1941年8月，国民党要员张冲病逝，周恩来闻讯后倍感哀痛，臂缠黑纱，胸戴白花，亲临吊唁，并致送挽联："安危谁与共，风雨忆同舟。"在张冲的追悼会上，周恩来还发表了历时20分钟的演讲，讲到动情处，语不成声，闻者无不动容。究竟张冲是何许人也，他与周恩来又有着怎样的情谊呢？

其实早在十来年前，张冲就与周恩来打过"交道"。当时张冲是国民党中央组织部调查科（"中统"前身）的总干事，是一名狂热的反共分子。在他的策划下，上海《申报》《时报》《新闻报》等报刊相继登出伪造的《伍豪等脱离共党启事》（伍豪是周恩来在白区工作的化名），诬陷周恩来，企图借此蛊惑人心，制造混乱，离间瓦解中共组织。张冲的企图随即遭到中共中央针锋相对的反击，使其目的未能达到。

西安事变和平解决后，张冲作为国民党主要谈判代表与周恩来等商讨国共两党联络和合作的有关事宜。就两人关系而言，既有公仇又有私怨。但周恩来捐弃前嫌，从救亡图存、团结御侮的国家最高利益出发，宣传中共的抗日民族统一战线政策，以自己的

豁达与坦诚，赢得了张冲的敬佩，张冲与周恩来因此结下了超越党派利益的私人情谊。正如周恩来后来回顾的那样，"先生与我，并非无党见者，惟站在民族利益之上的党见，非私见私利可比，故无事不可谈通，无问题不可解决。先生与我，各以此自信，亦以此互信"。

◆ 1940年夏，张冲（右）与周恩来、邓颖超夫妇在机场合影

在重庆，周恩来与蒋介石的会见与交流，大都是由张冲代为转达和安排，并从维护抗战大局的角度居中斡旋。由于周公馆随时都有特务监视，所以，张冲还经常会不顾个人安危，尽力保证周恩来的顺利进出，以便其开展工作。一次，当获悉周恩来北返延安的行动受到机场检查人员的刁难，张冲立即驱车去见蒋介石，取到手令后，又亲自送往机场，直至周恩来登上飞机才放心离开。

皖南事变后，国共关系急剧恶化，合作局面濒临破裂。1941年2月14日，国民党顽固派蓄意挑衅，一个宪兵队无理没收了一板车的《新华日报》。周恩来闻之十分生气，亲自跑去交涉，但宪兵队拒绝发还。周恩来打电话给张冲，张冲立即赶来，帮助交

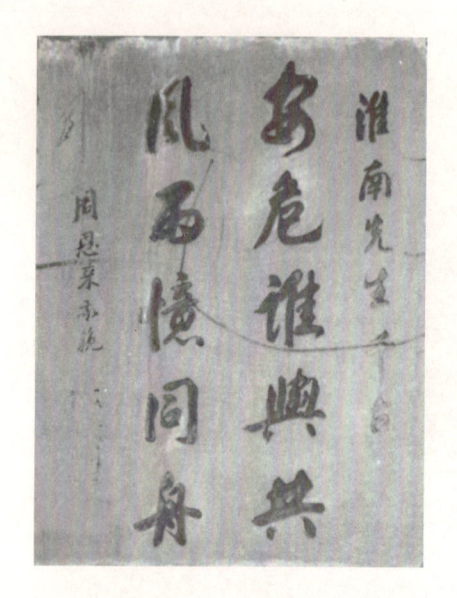

涉，终于取回了报纸。此时天色已晚，风雨交加。张冲陪着周恩来步行回曾家岩周公馆。两个朋友，也是两个对手，漫步街头，一路谈心，都希望能渡过难关，把团结抗日进行下去。

就在这一年8月，张冲因病逝世。周恩来为失去这样一位不同阵营的朋友而惋惜。他亲去祭奠，撰写悼念文章，给予高度评价，说他是"碧血丹心，精忠报国"。想起那漫步于街头的风雨之夜，周恩来扼腕写下："安危谁与共，风雨忆同舟。"

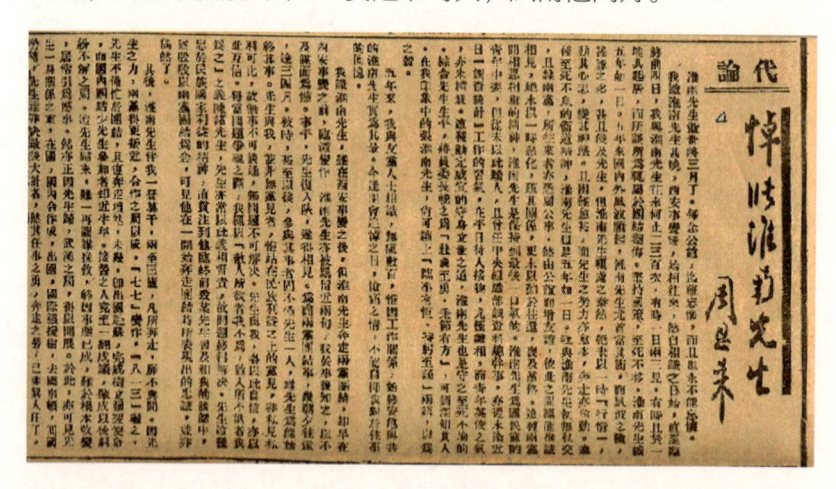

◆ 周恩来为张冲题写的挽联碑照

◆ 1941年11月9日，周恩来在《新华日报》发表《悼张淮南先生》一文，真情回顾了与张冲相处的日子

不折不挠的凛然斗志

　　不折不挠的凛然斗志是红岩精神的内在风骨。2020年1月8日，在"不忘初心、牢记使命"主题教育总结大会上，习近平总书记指出："我们党诞生于国家内忧外患、民族危难之时，一出生就铭刻着斗争的烙印，一路走来就是在斗争中求得生存、获得发展、赢得胜利。"无论是周恩来带领中共中央南方局为了维护抗日民族统一战线与国民党既联合又斗争、以斗争求团结，还是毛泽东为了争取国内和平以弥天大勇赴渝参加重庆谈判，抑或是牺牲在白公馆、渣滓洞的英烈们为了新中国建立展开的不屈抗争，都充分彰显了中国共产党人与敌人针锋相对敢于斗争，为民族利益有理有节善于斗争，为信仰坚持斗争到底的凛然斗志。

　　针锋相对敢于斗争。针锋相对敢于斗争是中国共产党在完成历史重任的过程中以坚定的理想信念为支撑，敢于应对各种风险挑战，不惧牺牲的迎难而上精神，反映了中国共产党敢于斗争、勇于斗争的鲜明品格。在国统区，共产党人时刻面临着牺牲的危险，但他们却从来没有为此而放弃斗争，而是怀着"要牺牲，我们一块儿牺牲"的大无畏精神，在危险面前坚持斗争，取得了一个又一个胜利。无论面对多大的困难，战斗在国统区的共产党人对革命始终充满了信心，当倒行逆施的暗流来临时，他们不灰心不气馁，不怕牺牲，即使身陷囹圄都威武不屈，誓死捍卫革命，以"只要一息尚存，誓为真理而抗争"的大义凛然，笑对屠刀。

有理有节善于斗争。以大局为重，以民族利益为重，这是中国共产党在不同时期义无反顾做出的抉择。以周恩来为代表的中共中央南方局为了民族大义，处变不惊，能屈能伸，以刚柔并济、灵活多变、镇定冷静、锲而不舍的政治智慧坚守国统区，维护国共合作局面直到抗战胜利，并在国统区顺利实现了从抗日民族统一战线到人民民主统一战线的转变。抗战胜利后，周恩来、王若飞陪同毛泽东赴重庆进行了彪炳史册的重庆谈判。在重庆谈判中，以毛泽东同志为代表的中国共产党人，以惊人的革命胆略和高超的斗争策略，把斗争的原则坚定性与策略灵活性相结合，该争取的据理力争，该妥协的适时让步，该拒绝的决不退让，牢牢把握斗争的主动权，以革命的大智大勇，迫使蒋介石国民党政府接受和平民主的建国方针。

坚持斗争到底。生命不息，战斗不止。在风雨如晦的革命斗争岁月，战斗在国统区的共产党人，为了实现民族独立和人民解放，力促抗日民族统一战线的巩固和发展，在极其艰苦险恶的斗争环境中，始终把个人安危置之度外，深入虎穴，不惧杀头，同国民党当局进行艰苦卓绝的斗争，直至生命最后一刻，为中国革命最后胜利做出了重要贡献。被誉为"铁窗诗人"的何敬平，在面对威逼利诱和酷刑折磨时，大义凛然、视死如归，用生命和智慧在狱中与国民党反动派坚持斗争到底，写下《把牢底坐穿》一诗，并谱上曲子在难友中传唱，用铮铮铁骨捍卫了一个共产党人的信仰。

读懂红岩·典型

叶剑英"舌战群儒"

1940年春,国民党顽固派发动的第一次反共高潮被粉碎以后,经过精心策划,国民党在重庆召开全国参谋长会议,制造舆论,准备发动更大规模的第二次反共高潮。

1940年3月,第十八集团军(即八路军)参谋长叶剑英接到了国民政府军事委员会召开军以上参谋长会议的通知。4日,参谋长会议在国民政府军委会礼堂举行。但在国民党顽固派的操纵下,会议变成了指责八路军"罪行"的声讨会。在会议开始后的几天里,国民政府军委会参谋总长何应钦、各战区参谋长轮流发言,在报告检讨冬季攻势情况时,相继指责八路军制造摩擦,袭击友军,给日军以"扫荡"的机会,甚至还捏造了一些莫须有的罪名。

◆ 叶剑英

针对这些有预谋的攻击,叶剑英并未急于当场反击,每日散会后回到红岩,针对会上一些歪曲事实的发言,组织中共中央南方局军事组的人员仔细分析研究,并充分准备补充材料。

3月8日,反击时机成熟。上午,会议继续进行,蒋介石仍然到会。这时,叶剑英站起来要求发言。他开场便表明八路军一贯执行统帅部和蒋介石的抗战命令，在华北敌后团结广大军民，抗击敌军，艰苦奋战，成绩卓著。他首先分析华北战场的敌我态势，介绍了我军的战略战术，公布了八路军这两年的战绩，"除了小的战斗不计外，比较大的战斗共有二千六百八十九次。许多著名的战斗，均有地点可查"。他列举了平型关、阳明堡、灵丘、清风店等50多个地点的战斗，并指出这些战斗"都十分激烈，每次作战都给敌人以重大的打击和杀伤"。

叶剑英将一件件铁一般的事实、数据摆在大家面前，八路军的战绩一目了然。一时间议论感慨之声沸沸扬扬，所谓"拥兵自重""游而不击"的谰言不攻自破。

紧接着，叶剑英审时度势，话锋一转，指出之前污蔑八路军在河北、山西、陕北等地制造摩擦的言论完全是颠倒黑白，混淆视听，必须加以澄清，以明是非、以清责任。继而他针对具体的摩擦事件一一加以驳斥，甚至用事实揭露出一些国民党军队与伪军沆瀣一气，共同进攻八路军的真相。

叶剑英还就正确解决摩擦问题从政治和战略上提出四个原则：第一，提出摩擦问题的目的应是求得以正确的方法消除摩擦，而不是扩大摩擦；第二，解决摩擦问题时不应仅仅从武装冲突这个角度看待，而应充分考虑到产生这种现象的政治、战略原因；第三，不能把八路军当作异军看待，这是许多摩擦产生的根源；第四，抗战中民族矛盾是第一位的大问题，摩擦则是从属的，决不能有意把局部摩擦扩大为全面内战。

叶剑英滔滔不绝，一口气讲了一个半小时，与会的许多人听后颇为震撼，由原来对八路军怀疑、不满，转为同情和支持。讲演结束时，全场活跃，纷纷起立，连蒋介石、何应钦等人也不得不跟着大家站了起来。

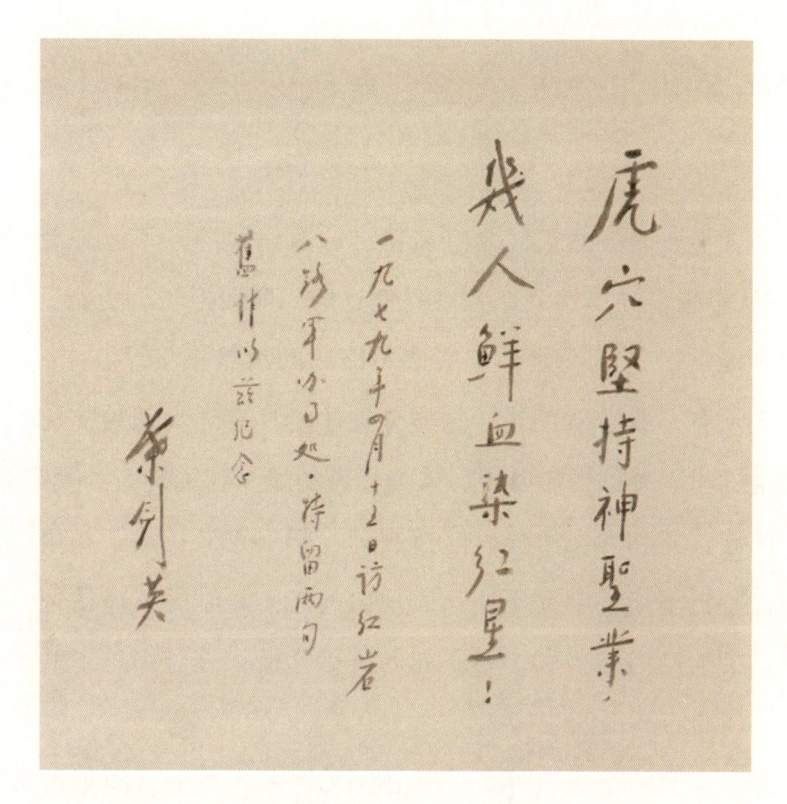

◆ 1979年，叶剑英重返红岩题词

当天散会回到红岩后，董必武听闻会场情况，当场赞扬说，叶公舌战群儒！之后，叶剑英向党中央和毛泽东写了报告，并附上自己在会上的发言稿。毛泽东看后十分赞赏，还把叶剑英的这篇发言稿转交给中央其他领导同志传阅，并亲自在封面上写上"一九四〇年三月初叶剑英同志在全国参谋长会议上的报告（此报告博得了大多数的同情）"，称这是叶剑英对革命的一大功劳。

坚贞不屈的浩然正气

坚贞不屈的浩然正气是红岩精神的人格写照。习近平总书记指出："从思想上固本培元，提高党性觉悟，增强拒腐防变能力，涵养富贵不能淫、贫贱不能移、威武不能屈的浩然正气。"一个革命政党，必须有一股浩然正气，这样全党才能具有强大精神支柱，才能充满生机和活力。当年以周恩来为代表的战斗在国统区的共产党人，为了民族独立和人民解放，坚持真理、坚守正义；敢于斗争、敢于胜利；不折不挠、宁死不屈，表现出的矢志不渝的革命情怀，出淤泥而不染的高尚品格和宁死不屈的英雄气概，充分彰显了共产党人百折不挠的浩然正气。

矢志不渝的革命情怀。战斗在国统区的共产党人所处的工作环境复杂，面对的工作任务艰巨，即使处于"虎口"、身陷囹圄，他们始终坚定救国救民的理想信念，依然对革命事业充满信心，用鲜血和生命实践着对革命的诺言。由于叛徒的出卖，陈然被国民党特务逮捕。在白公馆，他受尽敌人的百般折磨却宁死不屈。1949年10月，当新中国成立的消息传到白公馆时，他和难友们抑制不住激动的心情，亲手缝制了一面五星红旗。1949年10月28日，陈然被国民党特务杀害于重庆大坪刑场，牺牲时年仅26岁。

出淤泥而不染的高尚品格。出淤泥而不染，同流而不合污，这是战斗在国统区的共产党人在恶劣艰险的政治环境中与国民党反动派进行斗争的一个战斗原则和显著特点。"威武不能挫其气,利禄不能动其心",国统区腐败的尘埃和堕落的病毒使得这里环境复杂犹如泥沼一般,共产党人在这样的恶劣环境中更需要具有铮铮铁骨和浩然正气。与国民党的花天酒地形成鲜明对比的是中共中央南方局从最高领导到普通工作人员始终保持着自律、清贫、乐观、团结、友爱、朴素、真诚的工作和生活作风。周恩来曾经多次告诫中共中央南方局工作人员和从事秘密工作的党员,要做到"同流不合污",并亲笔写下《我的修养要则》。

宁死不屈的英雄气概。英雄气概是为了祖国利益不惜流血牺牲的崇高精神。在国统区,共产党人随时面临牺牲的危险,但他们却从来没有为此而放弃自己的革命理想。皖南事变发生后,中共中央南方局不得不做出最坏打算,随时准备牺牲。为最大程度保存有生力量,中共中央南方局秘密疏散出一部分党员干部,与此同时向中共中央做出庄严承诺,为党和人民的事业战斗到底,直到最后一口气。重庆解放前夕,被关押在歌乐山下渣滓洞、白公馆的共产党员和革命志士,不惧敌人严刑拷打和死亡威胁,积极进行狱中斗争,面对危险毫无惧色,面对死亡坚贞不屈、临难不苟,这是共产党人浩然正气的生动诠释。

读懂红岩·典型

一尘未染的布尔什维克

2022年，习近平总书记在春季学期中央党校（国家行政学院）中青年干部培训班开班式上的讲话中给予何功伟高度赞扬："1941年，时任鄂西特委书记何功伟被捕入狱。面对敌人一次次严刑拷打、一次次劝降利诱，他毫不畏惧、不为所动，高唱《国际歌》英勇就义，年仅26岁。"

◆ 何功伟

何功伟，湖北省咸宁县人。1936年8月加入中国共产党。1938年6月任中共湖北省委委员，随即受党组织派遣回家乡开辟鄂南抗日根据地，任中共鄂南特委书记。1939年9月到中共湘鄂西区工作，任区党委宣传部长。1940年2月任中共湘西区党委书记，8月任中共鄂西特委书记。1941年1月20日在湖北恩施被捕。

在狱中，面对铁窗黑牢，面对灭绝人性的酷刑，何功伟在《狱中歌声》写道："黑夜阻着黎明，只影吊着单形，镣铐锁着周身，怒火烧着内心，我热血似潮水般奔腾，心志似铁石的坚贞，我只要一息尚存，誓为保卫真理而抗争。"

对于何功伟这样的共产党要员，时任国民党第六战区司令长官陈诚指示"务必诱其转向"。为了对何功伟进行诱降，陈诚将其父亲押往牢房进行劝降，面对老父，何功伟在给老父的信中写道："儿不肖，连年远游，既未能承欢膝下，复不克分持家计……新四军事件发生之日，儿正卧病乡间。噩耗传来，欲哭无泪。孰料元月二十日，儿突被当局拘捕，锒铛入狱，几经审讯，始知系被构陷入罪。当局正促儿'转变'，或无意必欲置之于死，然按诸宁死不屈之义，儿除慷慨就死外，绝无他途可循。可天地存正气，为个人全人格，成仁取义，此正其时。儿蝼蚁之命，死何足惜！唯内战若果扩大，抗战必难坚持，四十余月之抗战业绩，宁能（毁）于一旦！百万将士之热血头颅，忍作无谓牺牲！睹此危局，死后实难瞑目耳！"

国民党在长达十个月的诱降失败后，11月16日，宣布了何功伟的死刑。临刑前，他留下的遗书中写道："敌人决计要执行我的死刑了，我无所畏惧，准备接受最后的考验。你们一定要争取解放，出狱后到重庆找党，请告诉党，我是一尘未染的布尔什维克，我没有污辱我们党的旗帜。"他在给父亲的信中写道："儿献身真理，早具决心，苟义之所在，纵刀锯斧钺加诸颈项，父母兄弟环泣于前，此心亦万不可动，此志亦万不可移。谁无父母，谁无妻儿，儿安忍心出卖大家，牺牲他人，苟全一己之私爱？儿决心牺牲个人，以得社会国家，粉身碎骨，此志不渝……"他告诫妻子："一定坚守阶级立场，保持无产阶级的清白，忠实于党……告诉我所有的朋友们，加倍的努力吧！把革命红旗举得更高，好好地教养我们的后代，好继续完成我们未完的事业！"

1941年11月17日，何功伟被敌人押到恩施方家坝后山五道涧刑场。在临刑的100余级石板路上，敌人放言只要何功伟回一回头就不杀他，但遍体鳞伤、拖着沉重脚镣的他义无反顾，高唱《国际歌》，慷慨就义。几封遗书辗转送到红岩村八路军驻重庆办事处，送到何功伟的妻子许云手中，周恩来在全体党员会上宣读了何功伟给妻子的诀别书。周恩来感慨道："功伟的伟大革命气节，是值得我们每一个党员认真学习的。"

传承弘扬篇

红岩精神作为我们党革命精神宝库中一颗璀璨明珠，其蕴含的历史经验、革命精神和崇高风范历久弥新。站在新时代，我们要以习近平总书记关于红岩精神重要论述为指导，结合新的历史使命和时代特征，传承弘扬好红岩精神，教育引导广大党员干部坚定理想信仰，养成浩然正气，始终保持革命者的大无畏精神，积极投身以中国式现代化全面推进强国建设、民族复兴的伟大实践中，使我们党的事业沿着老一辈无产阶级革命家开创的道路胜利前进。

传承弘扬篇

牢记殷殷嘱托，推动落地生根

　　历史川流不息，精神代代相传。党的十八大以来，习近平总书记在2016年1月和2019年4月两次视察重庆时；在2018年3月参加十三届全国人大一次会议重庆代表团审议时；在2021年2月在党史学习教育动员大会上的重要讲话中；在2021年9月和2022年3月在中央党校（国家行政学院）中青年干部培训班开班式的重要讲话中，多次对红岩精神作出深刻阐述，多次提及红岩英烈人物并给予高度褒扬。习近平总书记这一系列重要讲话，深刻阐明了红岩精神具有光荣的革命传统、丰富的内涵特征和重大的现实意义，深刻揭示了红岩精神是中国共产党人的伟大精神，是对伟大建党精神的继承和发展，是中国共产党人精神谱系的重要组成部分。特别是2019年4月，他在重庆视察时语重心长地指出，重庆要运用红岩精神等红色资源，教育引导广大党员、干部坚定理想信仰，养成浩然正气，增强"四个意识"、坚定"四个自信"、做到"两个维护"，始终在政治立场、政治方向、政治原则、政治道路上同党中央保持高度一致。这为我们在新时代进一步传承弘扬红岩精神指明了方向、提供了遵循。

　　习近平总书记有号令，党中央有部署，重庆见行动。近年来，重庆市坚决贯彻落实习近平总书记的殷殷嘱托，坚持不懈把传承弘扬红岩精神作为一项重大战略性工程来抓，打造红色基因传承示范区，教育引导广大党员干部传承红色基因，赓续红色血脉，坚定理想信仰，养成浩然正气，汇聚起建设现代化新重庆的磅礴伟力。

切实提升红岩文物保护利用科学化水平。重庆市先后颁布实施《重庆市红色资源保护传承规定》，将"弘扬红岩精神"首次写入地方性法规；出台《重庆红岩遗址保护区管理办法》《关于推进革命文物保护利用工程（2018—2022年）的实施方案》《红岩革命文物保护传承工程实施方案》；编制《红岩村及新华日报总馆旧址保护提升专项规划》《"中美合作所"集中营旧址保护规划（2021—2035年）》，加强对红岩革命文物旧址的依法保护、连片管理；整合红岩村、曾家岩、虎头岩"红色三岩"革命遗址，高标准打造红岩文化公园；保护修缮八路军驻重庆办事处旧址、渣滓洞等革命文物旧址群，完成桂园保护提升、歌乐山烈士陵园环境整治50余个重点项目，确保严格保护、修旧如旧、保留原貌。

与时俱进深化对红岩精神的研究阐释。重庆市广泛搜集、深度挖掘历史文献档案，编辑出版《中共中央南方局历史文献选编》《重庆谈判纪实》《重庆解放档案文献资料汇编》等重要文献，进一步丰富和印证红岩精神的形成历史。先后举办中共中央南方局成立80周年学术研讨会（2019年）、红岩精神与中国革命精神研究学术研讨会（2021年）、新时代传承弘扬红岩精神学术研讨会（2023年）等高端学术研讨会，围绕红岩精神与中国共产党人精神谱系的关系、历史形成、培育主体、精神特质、历史地位、时代价值和传承弘扬等方面，进行了深入研讨交流。开展马克思主义理论研究和建设工程重大项目"新时代传承弘扬红岩精神和三峡移民精神研究"的理论研究。其中，对标对表习近平总书记关于红岩精神的重要论述，概括提炼出"坚如磐石的理想信念、和衷共济的爱国情怀、不折不挠的凛然斗志、坚贞不屈的浩然正气"四句红岩精神科学内涵，推动红岩精神绽放出新的时代光芒。

守正创新讲好红岩故事。重庆市精心打造川剧《江姐》、话剧《红岩魂》《幸存者》、京剧《张露萍》《双枪惠娘》、舞台剧《重庆1949》等优秀剧目，其中《江姐》《红岩魂》两部剧进入中央宣传部"庆祝中国共产党成立100周年优秀舞台艺术作品展演"剧目。创作推出电视剧《重庆谈判》、电影《重庆1949》、纪录片《破晓》《红岩家书》、长篇小说《最后的58天》、长篇报告文学《山城的黎明》、诗歌《重庆——英雄之城》等一批叫得响、立得住、传得开的文艺精品，让感人肺腑的红岩故事、有血有肉的红岩英烈、催人奋进的红岩精神绽放文艺舞台，见诸笔端画板，闪耀展览展演，走进大屏小屏，不断提升红岩精神的影响力、感染力。

充分发挥红岩资源教化作用。建好用好重庆红岩干部学院，依托重庆红岩革命历史博物馆54处革命旧址转化打造"大德大智""大忠大勇""大仁大义"三大教学区，打造现场教学点28个，整合市内外资源设立拓展教学点13个，引导党员干部用红岩精神滋养心灵、提升境界。面向青少年精心打造"讲红色故事 讲革命精神""传承红色基因 争做时代新人——红岩革命故事展演""让烈士回家""'小萝卜头'进校园""红岩故事100讲""寻找红岩发声人"等红岩思政大课堂，在青少年心里埋下红色理想的种子。组织重庆红岩革命历史博物馆等208家爱国主义教育基地，开展"礼赞新中国 讴歌新时代"主题精品联展,打造爱国主义教育基地"VR云巡礼"平台。策划推出"初心 使命 奋斗——中国共产党重庆100年光辉历程展"等面向社会的精品展览展陈,推动红岩基因、革命薪火代代传承。

> 践行红岩·载体

红岩干部学院

红岩干部学院的前身是红岩党性教育基地。2011年在中共重庆市委组织部的大力支持下,该基地依托重庆红岩革命历史博物馆而设立。2012年,该基地被中央组织部确立为全国13家地方特色党性教育基地之一。2018年,该基地入选《中央国家机关党校党性教育基地名录》,2019年通过中央组织部审核备案。2021年3月,经中共重庆市委批准命名为红岩干部学院。2022年,学院通过中央组织部办学质量评估,列入《省(自治区、直辖市)党性教育干部学院目录》(全国共计72家),正式定名为重庆红岩干部学院。

读懂红岩·研究

部分学术研讨会和研究成果简表

名称	类型	简介
红岩精神学术研讨会	学术研讨会	2004年6月14日，由中央党史研究室和中共重庆市委联合主办。这是第一次全国性的红岩精神研讨会，它使红岩精神的研究和宣传走向全国，引向深入。会议对红岩精神形成的时代背景、实践基础、内涵、历史地位和现实意义，以及与其他革命精神的渊源和关系进行了深入研讨。
红岩精神与中国革命精神研究学术研讨会	学术研讨会	2021年9月25日，红岩精神与中国革命精神研究学术研讨会在西南大学举行。研讨会以习近平总书记关于红岩精神系列重要论述为根本遵循，将红岩精神置于中国共产党人精神谱系中，从时代背景、历史使命、理论基础、实践主体、内涵特征、传承弘扬等方面进行了深入探讨。
新时代传承弘扬红岩精神学术研讨会	学术研讨会	2023年4月24日，新时代传承弘扬红岩精神学术研讨会在重庆红岩干部学院举行。会议以习近平总书记关于红岩精神系列重要论述为根本遵循，就红岩精神的历史本源、科学内涵、培育主体、传承弘扬等形成了新的共识。会议认为，红岩精神特质是：坚如磐石的理想信念、和衷共济的爱国情怀、不折不挠的凛然斗志、坚贞不屈的浩然正气。
《红岩精神研究》	著作	2009年中共党史出版社出版的《红岩精神研究》由中共重庆市委宣传部和中共重庆市委党史研究室组织编写。该书从史学的深度和哲学的高度，对红岩精神产生的历史背景、时代条件、实践基础、科学内涵、历史地位、时代意义、理论价值、实践价值等问题进行了探索性的阐述和提炼，对红岩精神与中国共产党其他革命精神的内在关系和历史传承进行深入探讨。

续表

名称	类型	简介
《红岩精神》	著作	2017年中共党史出版社出版的《红岩精神》由西南大学组织编写。该书史论结合，通过典型事例，系统分析了红岩精神形成的时代背景、思想渊源、实践基础和历史进程，深刻阐述了红岩精神的丰富内涵，并结合实际论述了红岩精神的历史地位和时代价值。
《中国共产党重庆历史·第一卷》（1926—1949）	著作	全书记述了1926年2月至1949年11月，中共重庆地方党组织团结带领重庆人民浴血奋战、百折不挠，最终迎来重庆解放的光辉历程，深刻总结了党在重庆艰难斗争中所作出的历史贡献、创造的丰富历史经验和培育的伟大红岩精神。
《中国共产党重庆100年简史》	著作	全书第一次系统梳理、全面呈现了党领导重庆人民进行革命、建设、改革走过的百年光辉历程和取得的伟大成就，深入总结了各个历史时期积累的宝贵经验和铸就的伟大精神，以重庆一域的生动实践反映了中华民族从站起来、富起来到强起来的历史性飞跃。
《新时代传承弘扬红岩精神和三峡移民精神研究》	课题	该课题为中央宣传部马克思主义理论研究和建设工程2020年重大项目。课题以习近平总书记关于红岩精神重要论述为遵循，对红岩精神的研究状况、历史条件、丰富内涵、历史地位、理论价值、时代价值和传承弘扬进行了系统深入的研究。

红岩精神与中国革命精神研究学术研讨会

◆ 2021年9月25日，红岩精神与中国革命精神研究学术研讨会在西南大学举行

新时代传承弘扬红岩精神学术研讨会

◆ 2023年4月24日，新时代传承弘扬红岩精神学术研讨会在重庆红岩干部学院举行

读懂红岩·文艺

部分文艺作品简表

作品名称	类型	简介
《重庆谈判》	电影	1993年上映。影片讲述了1945年抗战胜利之后，为了实现和平民主团结，毛泽东不顾个人安危，赴重庆与蒋介石国民党当局进行和平谈判的故事。影片先后获得第14届中国电影金鸡奖最佳美术奖、第17届大众电影百花奖最佳影片奖、1993年中国广播电影电视部优秀故事片奖等奖项。
《周恩来在重庆》	电视剧	2008年周恩来诞辰110周年时在央视一套播出。该剧以周恩来在重庆的革命实践为主线，通过建立抗日民族统一战线、批判汪精卫投敌、重庆大轰炸、皖南事变、重庆谈判等一系列事件，着力刻画了以周恩来为代表的老一辈无产阶级革命家的革命英雄主义气概和崇高的人格魅力。剧目先后荣获第七届中国金鹰电视艺术节暨第24届中国电视金鹰奖、第27届电视剧"飞天奖"长篇电视剧一等奖。
《千秋红岩》	文献纪录片	该片共8集，以中共中央南方局的历史事件和人物为主要内容，全景式展现中共中央南方局的伟大历程和不朽功绩，在纪录片领域第一次全面挖掘中共中央南方局历史和红岩精神的起源、发展和传承。原中共中央南方局老同志、周恩来秘书宋平为《千秋红岩》题写片名。该片曾获中国广播电视协会"红旗飘飘九十年"红色经典纪录片精品作品奖和中国电视艺术家协会纪录片一等奖。

续表

作品名称	类型	简介
《红岩》	长篇小说	小说《红岩》由中国青年出版社于1961年12月正式出版，作者罗广斌、杨益言。小说反映解放战争时期川东党组织革命斗争历史，塑造了江姐、许云峰、成岗、刘思扬等众多可歌可泣、令人难忘的革命英雄形象，深刻展示了革命者的崇高精神境界和思想光辉。小说一经出版，就受到社会的广泛赞誉，被称为"共产主义教科书"，迄今总发行量超过1000万册，并被翻译成英、法、德、日、朝等多国文字。同时，《红岩》被迅速改编为歌剧、电影等多种艺术形式，广为传播，形成"红岩热"。
《江姐》	歌剧	歌剧《江姐》由阎肃编剧，羊鸣、姜春阳、金砂作曲。该剧改编自小说《红岩》，塑造了对党无限忠诚的江姐的光辉形象，展示了红岩英烈以铮铮铁骨、浩然正气与敌人斗争到底的英雄事迹。1964年9月，中国人民解放军空军政治部文工团首次在北京演出歌剧《江姐》。《红梅赞》《绣红旗》《春蚕到死丝不断》等唱段家喻户晓，被广为传唱，经久不衰，浸润了几代人的心灵。
《在烈火中永生》	电影	经典革命题材电影《在烈火中永生》1965年由北京电影制片厂制作，水华导演，夏衍编剧，赵丹与于蓝主演。电影讲述了1949年前后，重庆解放的过程中，川东党组织的同志与大势已去的国民党反动势力作斗争的故事，塑造了江姐、老许、小萝卜头、疯老头、双枪老太婆等一批经典角色，成为影响一代又一代观众的经典影片。

续表

作品名称	类型	简介
《红岩魂》系列	展览、展演等	1988年，重庆举办了第一个表现红岩英烈狱中斗争的展览《歌乐忠魂，世代英华——中美合作所集中营史实》。在1999年"11·27"烈士殉难50周年之际，展览被升级为《红岩魂形象报告展演》舞台剧，并逐渐推出《红岩魂》展览、《红岩魂形象报告展演》等系列产品，形成了独特的"红岩魂现象"。其中《红岩魂形象报告展演》获得中央宣传部"五个一"工程奖、文化部创新奖。
《幸存者》	话剧	重庆打造的原创话剧《幸存者》取材于红岩英烈事迹，以"11·27大屠杀"为楔子，讲述了女主角何芬几十年来坚定不移寻找爱人穆之光死亡真相的故事。整部剧悬念迭起、层层推进，将红色历史、革命记忆和浪漫气息融合在一起，塑造了一个诗人般的烈士形象。先后荣获中央宣传部"五个一"工程奖、曹禺剧本奖、全国舞台美术学会奖等。
《张露萍》	京剧	京剧《张露萍》根据红岩英烈张露萍的真实事迹改编而成，结合传统京剧和现代表演艺术，并吸取重庆本地特色，通过讲述张露萍从延安被派往重庆，隐姓埋名，潜伏在敌人内部，机智勇敢地与敌人周旋战斗，最后在狱中英勇就义的光辉事迹，歌颂了革命烈士坚定的共产主义信仰和为共产主义理想倾洒热血的献身精神。先后荣获第26届中国戏剧梅花奖、第六届中国京剧艺术节参演剧目奖。

传承弘扬篇

◆ 小说《红岩》

◆ 部分著作成果

新时代传承弘扬 红岩精神 简明读本

◆ 《红岩魂》展演剧照

◆ 话剧《幸存者》剧照

坚定理想信念，做到对党忠诚

习近平总书记指出，红岩精神最重要的就是坚如磐石的理想信念。理想信念是中国共产党人的精神支柱和政治灵魂，也是保持党的团结统一的思想基础。近代以来，中华民族之所以能够战胜一个又一个风险挑战，创造一个又一个历史奇迹，就是因为我们有伟大的中国共产党团结带领伟大的中国人民，坚定信仰，胸怀理想，砥砺前行，不懈奋斗。新时代传承弘扬红岩精神，就是要无论在任何时候和条件下，都必须把坚定理想信念作为安身立命的主心骨、修身立业的压舱石，始终对党忠诚，做到铁心跟党走、九死而不悔。

忠诚不是自然而然产生的，对党要有朴素的感情，更要有理性的自觉。共产党人的理想信念，不是凭空产生的，而是建立在马克思主义科学真理之上的。对党忠诚至关重要的一条，就是坚持这一真理、发展这一真理、践行这一真理。实践证明，共产党人越是以宽阔的眼界认识真理，以勇往直前的步伐追随真理，以坚如磐石的意志捍卫真理，以实事求是的品格发展真理，就越能将对党忠诚融入血脉、铸入灵魂，理想信念也就越坚定。我们要牢固树立共产主义远大理想和中国特色社会主义共同理想，拧紧马克思主义世界观、人生观和价值观这个"总开关"，补足精神之"钙"，要加强马克思主义理论学习，尤其是对习近平新时代中国特色社会主义思想的学习，努力掌握新时代党的创新理论的重大意义、科学体系、丰富内涵、精髓要义和实践要求，领会其中的立场观点方法、道理学理哲理，把学习成果转为政治认同、思想认同、理论认同和情感认同，坚定拥护"两个确立"、坚决做到"两个维护"，用真理之力开创美好未来，以理想之光照亮奋斗征程。

刀在石上磨，人在事上练。坚定理想信念，做到对党忠诚，对党员干部而言是一个终身课题。每一位党员干部的理想信念和政治觉悟，不会随着年纪的增长或职务的升迁自然而然得到坚定和增强，必须在实践锻炼中不断得到提升。正如习近平总书记所指出的，检验党员干部是不是对党忠诚，在革命年代就要看能不能为党和人民事业冲锋陷阵、舍生忘死，在和平时期也有明确的检验标准。比如，能不能坚持党的领导，坚决维护党中央权威和集中统一领导，自觉在思想上政治上行动上同以习近平同志为核心的党中央保持高度一致；能不能坚决贯彻执行党的理论和路线方针政策，不折不扣把党中央决策部署落到实处；能不能严守党的政治纪律和政治规矩，做政治上的明白人、老实人；能不能坚持党和人民事业高于一切，自觉执行组织决定，服从组织安排等，都是对党忠诚的直接检验。我们要自觉加强政治历练，接受严格的党内政治生活淬炼，勇于担苦、担难、担重、担险，做到平常时候看得出来、关键时刻站得出来、危难关头豁得出来，以实际行动诠释对党忠诚。

> 践行红岩·行动

扎实推动学习贯彻
习近平新时代中国特色社会主义思想主题教育走深走实

主题教育开展以来，在中央第八指导组有力指导下，中共重庆市委紧扣"学思想、强党性、重实践、建新功"总要求，强化党建统领，一体推进理论学习、调查研究、推动发展、检视整改和建章立制等重点举措，围绕习近平总书记关于树立和践行正确政绩观、推动高质量发展的重要论述开展专题学习，坚决贯彻落实习近平总书记对重庆发展的战略定位，把加强党性作为主题教育重要内容，把成渝地区双城经济圈建设作为"一号工程"和全市工作总抓手总牵引，推动数字重庆建设，努力解决群众急难愁盼问题，推动主题教育彰显"红岩味"。经过第一批主题教育，全市上下拥护"两个确立"、做到"两个维护"的政治自觉、思想自觉、行动自觉更加坚定，习近平新时代中国特色社会主义思想更加入心见行，高质量发展之路越走越宽，人民群众获得感幸福感安全感认同感明显提升，政治生态持续向上向好，广大干部群众充分认可。

目前，全市正高标准推动、高质量落实，扎实开展第二批主题教育。市委对此作出全面部署，并提出工作要求：

坚持把政治铸魂贯穿始终，推动习近平总书记重要指示批示和党中央决策部署落细落地，持续修复净化政治生态，更加坚定拥护"两个确立"、坚决做到"两个维护"。

坚持把理论武装贯穿始终，把"学思想"作为首要任务和贯穿始终的主线，注重系统性体系化学习，更好把党的创新理论内化于心、外化于行。

坚持把为民服务贯穿始终，提高服务群众的自觉性和能力本领，在调查研究上下实功夫，加大民生保障力度，健全为民服务长效机制。

坚持把推动改革发展贯穿始终，全力服务国家重大战略，推动经济稳增长、优结构、增动能、提质效，更好除险清患，努力交出经济社会发展高分报表。

坚持把固本强基贯穿始终，完善抓党建带全局工作体系，提升基层治理能力，营造干事创业氛围，推动基层党组织全面进步全面过硬。

坚持把检视整改贯穿始终，加强党性分析，结合"八张问题清单"抓好整改整治，深化建章立制，及时总结提炼最佳实践，加快构建体系化推进、常态化落实的机制。

强化责任落实，发挥"一把手"以上率下作用，加强督促指导，注重分类施策，突出抓好重点和"关键少数"，针对不同群体找准着力点，科学合理作出安排，防止"上下一般粗"。

力戒形式主义、官僚主义，做好规定动作，防止增加基层负担，坚持开门搞教育，确保主题教育的政治性和严肃性。

加强宣传引导，注重用身边榜样引导身边党员、以身边事教育身边人，线上线下协同发力，积极营造良好氛围。

牢牢把握"学思想、强党性、重实践、建新功"总要求，学习借鉴第一批主题教育有效做法和成功经验，务实高效开展好第二批主题教育，坚持以学铸魂、以学增智、以学正风、以学促干，推动主题教育走深走实，确保现代化新重庆建设开好局起好步。

> 践行红岩·典范

对党忠诚、服务人民

杨雪峰（1976年6月—2018年2月18日），重庆渝北人，1997年7月入警，1999年9月加入中国共产党，二级警督警衔，生前是重庆市公安局渝北区分局交巡警支队石船公巡大队副大队长。2018年2月18日，农历正月初三，杨雪峰在执行春运交通安保任务中，突遭暴力袭击，为防止伤及群众，在腹部颈部连中数刀的情况下，他直面歹徒、毫不退却，紧紧抓住歹徒，拼死与之搏斗，奋力打掉凶器，与赶来的战友合力将其制伏，因伤势过重，失血过多，经全力抢救无效，英勇牺牲，年仅41岁。他用热血和生命生动诠释了习近平总书记对公安系统提出的"对党忠诚、服务人民、执法公正、纪律严明"总要求。杨雪峰先后荣立个人三等功2次、荣获个人嘉奖7次、获评"优秀公务员"5次。中央宣传部追授"时代楷模"称号，中央文明办追授"中国好人"，公安部追授"全国公安系统一级英雄模范"。重庆市追授"重庆市优秀共产党员""重庆市人民满意的公务员""感动重庆十大人物特别奖"等荣誉，追记个人一等功，被评定为烈士。

◆ "时代楷模"——杨雪峰

> 践行红岩·活动

"红岩班队""周恩来班队"创建

　　"红岩班队"和"周恩来班队"是重庆市开展社会宣传教育的传统项目。红岩班队通过读红岩书、讲红岩故事、写红岩日记,参加义务劳动等多种教育形式等,不断感悟红岩精神内涵,传承红色基因。自1992年在重庆通信学院建立第一个"红岩班"以来,在重庆市和全国部分省市大中小学校及企业、机关等团体持续开展创建活动,至今先后创建红岩班队52个、周恩来班队27个。

◆ "红岩班""周恩来班"授牌仪式

"小萝卜头"进校园活动

为落实习近平总书记关于青少年"扣好人生第一粒扣子"的重要指示精神，重庆市扎实推进"小萝卜头"进校园活动，引导未成年人从小立志向，有梦想，爱学习、爱劳动、爱祖国，争做新时代好少年，努力成长为担当民族复兴大任的时代新人。活动内容主要包括："三送"，即送展览、送报告、送书籍；"三创"，即创建"小萝卜头"活动室、深化创建"红岩班"、争当新时代好少年；"三课"，即开展主题队（团）课、开展研学实践教育课、开展红岩亲子课。该活动入选"红色旅游进校园"优秀实践经典案例。

◆ "'小萝卜头'进校园"活动在重庆两江新区云锦小学举行

厚植爱国情怀，画好最大同心圆

习近平总书记指出："爱国主义是中华民族精神的核心。"红岩精神是爱国主义在中国面临民族危亡这一时代条件下的重要体现，见证了我们党把一切可以团结的力量汇聚于党的周围，为新中国确立中国共产党领导的多党合作和政治协商制度，奠定重要政治基础的历史，展现了中国共产党人海纳百川的宽广政治胸怀。新时代传承弘扬红岩精神，就是要厚植爱国主义情怀，牢牢把握团结奋斗的时代要求，充分发挥统一战线凝聚人心、汇聚力量的强大法宝作用，真正把不同党派、不同民族、不同阶层、不同群体、不同信仰，以及生活在不同社会制度下的全体中华儿女都团结起来，围绕实现中华民族伟大复兴中国梦一起来想、一起来干。

人心向背、力量对比是决定党和人民事业成败的关键，是最大的政治。统战工作的本质要求是大团结大联合，解决的就是人心和力量问题。当前，世界正在经历百年未有之大变局与中华民族推进伟大复兴的战略全局。在这两个大局的共同作用下，我国发展面临的国内条件和国际环境都在发生深刻而复杂的变化，统一战线面临的机遇和挑战之大前所未有。一方面，以美国为首的西方世界企图从民族、宗教、西藏、新疆、知识分子，以及中国香港、中国台湾等方面打开缺口，干扰破坏我国的现代化进程。另一方面，我国社会结构发生深刻变化，人们的思想观念更加多元、利益诉求更加多样，社会构成更加复杂，社会流动更加频繁。今天，我们比历史上任何时期都更接近、更有信心和能力实现中华民族伟大复兴的目标。越是接近目标，越是形势复杂，越是任务艰巨，越需要汇集众智、增强合力，越需要凝聚人心、众志成城。这就要求我们要加强对不同利益群体的思想政治引领，把更多的统战成员团结在党的周围，巩固和扩大党长期执政的阶级基础和群众基础。

团结就是力量，团结才能胜利。新征程上，我们要高举爱国主义、社会主义旗帜，坚持大团结大联合，坚持一致性和多样性统一，广泛凝聚共识，广聚天下英才，找到最大公约数，画出最大同心圆。要切实维护工人阶级和农民阶级最直接最现实的利益，加强知识分

◆ 1945年12月16日，中国民主建国会成立大会在重庆白象街西南实业大厦召开。图为白象街西南实业大厦

子工作，做好新社会阶层的工作，发挥他们在改革开放和社会主义现代化建设中的重要作用。要全面贯彻党的民族和宗教政策，用爱国主义精神感召全国各族人民，增强中华民族共同体意识，维护各民族的大团结，像石榴籽那样紧紧抱在一起，为推动祖国发展繁荣不懈奋斗。要用爱国主义情感凝聚海内外中华儿女的智慧和力量，形成炎黄子孙心往一处想、劲往一处使的生动局面，在实现民族复兴征程上创造出更大、更辉煌的人间奇迹。面向全面建设社会主义现代化国家的新形势、新任务，我们要一以贯之传承爱国情怀，激发历史担当，一方面牢记"人民民主是社会主义的生命"，巩固和发展最广泛的爱国统一战线，坚持中国共产党领导的多党合作和政治协商制度，支持民主党派围绕党和国家的中心任务，履行政治协商、民主监督和参政议政的职能，监督党和国家重大方针政策和重要部署的贯彻执行；另一方面全面准确、坚定不移贯彻"一国两制""港人治港""澳人治澳"高度自治方针，发展壮大爱国爱港爱澳力量，解决台湾问题、实现祖国完全统一，动员全体中华儿女凝成推动民族复兴的伟大力量。

> 践行红岩·**行动**

打造"一都、一城、两高地"

2023年3月5日,全国政协十四届一次会议在人民大会堂三楼金色大厅举行民主党派中央和全国工商联领导人记者会。新一届民主党派中央和全国工商联主席在人民大会堂集体亮相,同中外记者见面。开场介绍时,民盟、民建和九三学社的党派领导人均提到重庆是其党派发祥地。

作为中国共产党统战工作的重要实践地、中国民主党派的重要发祥地,重庆积淀形成了独具特色的统战文化。据统计,重庆现有238处统战历史文化旧址,涵盖了统一战线各个领域各个方面,具有系统性、完整性,在全国具有代表性、独特性,是弘扬党的统一战线法宝作用的重要历史见证,更是一份不可复制的统战光荣传统和爱国主义教育资源。

中共重庆市委高度重视统战文化建设。市第六次党代会把统战文化纳入重庆六大主干文化,这是"统战文化"首次进入省级历史文化体系。市委六届二次全会进一步明确重庆要打造统战文化之都、统战历史名城、统战教育高地、新时代多党合作实践高地。

重庆发布了统战文化建设总体规划,正大力实施统战文化"五大专项行动",即统战文化文物保护专项行动、统战文化利用专项行动、统战文化传播专项行动、统战文化理论研究专项行动、统战文化人才队伍建设专项行动。

统战文化文物保护专项行动主要是深入推进统战文化资源专项普查,常态化开展统战文物、实物征集工作,着力打造"统战百馆之城",构建形成"4+36+N"的重庆统战历史文化旧址集群等。

统战文化利用专项行动主要是充分发挥重庆作为全国统一战线传统教育基地优势，推出"统战文化·第二课堂"等现场教学精品课程，打造涵盖统一战线"五大关系"全域、总分结合、市区联动的"1+17+X"的文教融合同心之旅联线。

统战文化传播专项行动主要是持续开展重庆统战文化月系列活动，建立网络传播平台，擦亮一批统战文化宣介品牌，以话剧、视频等形式扩大统战文化传播力影响力。

统战文化理论研究专项行动主要是将统战文化理论和实践研究纳入市社科规划项目选题指南，持续办好"统战文化大讲坛"和统战文化研讨会，组织编纂《重庆统战历史文化丛书》等。

统战文化人才队伍建设专项行动主要是成立统战文化专家委员会，着力培养研究人才、展示人才，构建同心志愿服务队伍，不断充实统战文化建设人才力量等。

规划提出，通过5年努力，形成"五百"标志性成果，即百馆之城、百人讲团、百部作品、百个课题、百名人才。力争到2027年底，基本建成设施更完善、形式更多样、内涵更丰富、作用更显著、影响更广泛的"统战文化之都、统战历史名城"。

践行红岩·活动

红岩革命故事展演

"传承红色基因 争做时代新人——红岩革命故事展演"以丰富厚重的红岩革命历史文化为滋养，结合红岩精神的时代价值和现实意义，精选具有典型性代表性的重大事件、重要会议、重要人物，展现了毛泽东、周恩来、董必武等老一辈无产阶级革命家的崇高风范；表现了张澜、马寅初、柳亚子等民主人士的爱国情怀；反映了张露萍、江竹筠、王朴、刘国鋕等一大批革命烈士百折不挠的斗争精神。该展演先后获评"全国文化遗产旅游百强案例""全国十佳文博社教案例"以及"感动重庆十大人物特别奖"。

寻找红岩发声人

为讲好红岩故事，重庆市开设"红岩故事厅"寻找红岩发声人，创新"线上+线下"一体式同步发声模式，以红岩村景区"红岩故事厅"为固定场地，联动拓展走进机关、社区、校园等平台，通过讲故事的方式宣讲红岩精神。"寻找红岩发声人"志愿服务项目荣获"2022年度全国博物馆志愿服务典型案例"。

务必敢于斗争，善于斗争

习近平总书记在党的二十大报告中把"敢于斗争、善于斗争"作为"三个务必"的重要内容，把"坚持发扬斗争精神"作为前进道路上必须牢牢把握的重大原则之一。红岩精神展示了中国共产党人在国统区特殊条件下，以伟大的历史主动精神，知难而进、迎难而上，敢于斗争、善于斗争，铸就了中国革命史上共产党人铮铮铁骨的永恒灯塔和不朽丰碑。新时代传承弘扬红岩精神，就是要在任何时候都决不丢掉革命加拼命的精神，决不丢掉不畏强敌、不惧风险、敢于斗争、勇于胜利的风骨，百折不挠、一往无前、顽强斗争，不断夺取新时代伟大斗争的新胜利。

斗争无时不在、无处不有。中国式现代化是人类历史上最为宏大而独特的实践创新，是长期而艰巨的伟大社会革命。前进道路上，必然会面对更多重大挑战、重大风险、重大阻力、重大矛盾，有大量改革难题、发展课题、矛盾问题需要破解。从世情看，世界正经历百年未有之大变局，和平赤字、发展赤字、安全赤字、治理赤字加重，个别国家妄图遏制我国发展，迟滞甚至打断中华民族伟大复兴进程；从国情看，我国经济发展取得历史性成就，但发展不平衡不充分的一些突出问题仍有待解决；从党情看，党的十八大以来，我们党在革命性锻造中更加坚强有力、更加充满活力，但党面临的"四大考验""四种危险"将长期存在。我们要在这样的形势环境下推进人类历史上从未有过的崭新的现代化，犹如滚石上山、逆水行舟，任务极其艰巨，难度世所罕见。新征程不可能是一片坦途，而是前进性和曲折性相统一的艰辛征途。我们要充分认识伟大斗争的长期性、复杂性、艰巨性，坚持底线思维，增强忧患意识，从思想上和行动上做好应对各种风险考验的充足准备。

　　征途漫漫多风雨，敢于斗争永向前。新征程上，我们要把准正确的斗争方向，要坚持中国共产党的全面领导矢志不渝，坚持中国特色社会主义制度毫不动摇，要同危害中国共产党领导、社会主义制度、国家主权安全、核心利益、重大原则和人民根本利益等行为作坚决斗争，并取得斗争胜利，做到"不畏浮云遮望眼""乱云飞渡仍从容"。要注重斗争的策略方式，把原则的坚定性和策略的灵活性有机结合，抓住主要矛盾，突出主攻方向，把准斗争火候，通过斗争达到团结、争取合作、实现共赢。要通过理论学习、思想淬炼、实践历练，在复杂艰巨的斗争环境中把握斗争规律、砥砺斗争精神、增强斗争本领。要坚持问题导向，敢于正视问题、善于发现问题，聚焦实践遇到的新问题、改革发展稳定存在的深层次问题、人民群众急难愁盼问题、国际变局中的重大问题、党的建设面临的突出问题，主动识变应变求变，主动防范化解风险，在破解矛盾问题中推动党和国家事业取得更大进展。

践行红岩·行动

坚决打赢全市脱贫攻坚战

党的十八大以来，以习近平同志为核心的党中央把脱贫攻坚摆在治国理政的突出位置。重庆集大城市、大农村、大山区、大库区于一体，是全国脱贫攻坚的重要战场。习近平总书记高度重视重庆脱贫攻坚，亲临重庆考察指导，亲切看望贫困地区干部群众，给予全市上下巨大关怀、强大动力。

重庆市委、市政府坚持以习近平新时代中国特色社会主义思想为指导，深学笃用习近平总书记关于扶贫工作重要论述和视察重庆重要讲话精神，坚决把脱贫攻坚作为重大政治任务，坚决贯彻落实党中央决策部署，尽锐出战、攻坚克难，如期完成脱贫攻坚各项目标任务，脱贫攻坚战取得全面胜利。14个原国家扶贫开发工作重点区县、4个原市级扶贫开发工作重点区县全部脱贫摘帽，1919个原贫困村脱贫出列，累计动态识别的原190.6万建档立卡贫困人口全部脱贫、人均纯收入增加到2020年的1.2万元，完成脱贫人口易地扶贫搬迁25.2万人，全市5800个驻乡驻村工作队、5.71万名驻村工作队员（含第一书记）、20多万名结对帮扶干部扎根一线，涌现出毛相林、杨骅等一大批扎根基层、甘于奉献、带头致富的先进典型，全市累计表彰脱贫攻坚先进集体649个、先进个人1114名，荣获全国脱贫攻坚奖的先进集体34个、先进个人53名。脱贫攻坚战的全面胜利，让重庆成功翻过了全面建成小康社会的最后一座高山，让所有脱贫群众实现了"两不愁"真不愁、"三保障"全保障，让区域性整体贫困得到了有效解决，让脱贫地区发生了翻天覆地的变化，山乡巨变、山河锦绣的时代画卷徐徐展开，为全面推动乡村振兴打下坚实根基、吹响前进号角。

践行红岩·典范

绝壁上凿出致富路

◆ 昔日下庄修路的场景　　◆ 下庄村新貌

　　重庆市巫山县竹贤乡下庄村地处大山深处，四周被高达千米的绝壁合围，由于道路危险，曾有23人摔下悬崖死亡、75人摔伤残，全村4个社近400名村民住在"井底"，祖祖辈辈以种植洋芋、红苕、苞谷"三大坨"为生。为突破绝壁、拔除穷根，以毛相林为书记的村党支部领导下庄人民不惧艰险、迎难而上，向贫困挑战、同命运斗争。村民们腰系吊绳，用钢钎、大锤、锄头和双手，以最原始的方式步步向前凿进。历时7年，在当地党委、政府的大力支持下，下庄村村民付出了艰苦努力甚至宝贵生命，终于在2004年凿开了一条8公里长的"天路"，从此结束了与世隔绝的历史。为了摆脱贫困，下庄村成功培育劳务输出（蓝色）、西瓜种植（绿色）、柑橘种植（橙色）"三色"经济，通过改建民宿、打造景点发展乡村旅游，闯出了一条脱贫致富之路。曾经是全县最穷之一的下庄村于2015年率先实现整村脱贫，2019年农村居民人均可支配收入达12670元。

把扶贫工作做到群众的心窝里

杨骅（1970年12月—2018年8月），重庆忠县人，2012年6月加入中国共产党，生前为重庆市忠县安监局办公室副主任、金鸡镇傅坝村第一书记、驻村工作队队长。2018年8月21日，因突发疾病牺牲在扶贫工作岗位上，年仅47岁。杨骅始终牢记共产党员身份，在驻村扶贫期间，坚持吃在村、住在村、干在村，一户一户走访调研，精准制订脱贫计划，帮助贫困群众发展产业、脱贫致富，用实际行动展示了共产党人的责任与担当，把生命定格在全心全意为人民服务上，是全市脱贫攻坚战线的时代楷模，是新时代共产党员的优秀代表。重庆市追授"重庆市优秀共产党员""重庆市脱贫攻坚模范"称号。2021年2月25日，党中央、国务院授予杨骅"全国脱贫攻坚先进个人"称号。

◆ "全国脱贫攻坚先进个人"——杨骅

坚持自我革命，涵养浩然正气

习近平总书记指出："共产党的干部就是要严于律己，廉洁奉公，一身正气，两袖清风，清清白白做'官'，堂堂正正做人，坚持高尚的精神追求，永葆共产党人的浩然正气。"红岩精神彰显了共产党人始终坚持自我革命，在国统区"大染缸"环境下如六月风荷，出淤泥而不染，同流而不合污，在面对生死考验时始终保持坚贞不屈、永不叛党的浩然正气。新时代传承弘扬红岩精神，就是要勇于自我革命，矢志不渝坚守正道、弘扬正气，始终保持共产党人的蓬勃朝气、昂扬锐气和浩然正气。

正气是做人的最大底气。正气长存，清风浩荡；正气不足，百邪入侵。共产党人若不注重党性修养，胸中没有浩然正气，在面对是与非、名与利等种种诱惑考验时，很容易败下阵来。比如，少数党员干部面对大是大非不敢亮剑、面对矛盾不敢迎难而上、面对危机不敢挺身而出、面对失误不敢承担责任、面对歪风邪气不敢坚决斗争，失去了共产党人的底气、志气和骨气；有的耐不住寂寞、受不住清贫，羡慕纸醉金迷、花天酒地的生活，放任自己被"围猎"，什么底线、"红线"都敢踩；有的耳根子软，"好吃面子这碗饭"，过不好"友情关""亲情关"，利用公权力为身边人徇私情、谋私利，最终身败名裂、害人害己。事实反复证明，共产党人如果不坚持自我革命，涵养一身正气，邪气就会侵蚀身心，人生就会偏航。

坚持自我革命，涵养浩然正气绝非易事，它需要像农夫种庄稼一样，经常性地除草、施肥、浇水，既不能拔苗助长，也不能一曝十寒。新征程上，我们要做到不忘初心、牢记使命，常怀忧党之心、为党之责、强党之志，时刻牢记共产党员这个第一身份、为党工作这个第一职责。要弘扬忠诚老实、光明坦荡、公道正派、实事求是、艰苦奋斗、清正廉洁等价值观，陶冶道德情操，砥砺政治品格，增强党性修养。要以"不畏浮云遮望眼"的定力、"咬定青山不放松"的恒心、"不破楼兰终不还"的韧劲，养浩然之气，树清正之风，铸人格之力，自觉做明大德、守公德、严私德的践行者。要严明党的政治纪律和政治规矩，坚决抵制党内各种歪风邪气，营造风清气正的政治生态。新时代党的建设伟大工程，面临执政、改革开放、市场经济、外部环境等多重考验，面临精神懈怠、能力不足、脱离群众、消极腐败等多重危险，唯有从严治党，弘扬清正，俯下身子走好群众路线，驰而不息开展反腐斗争，追求我将无我，志存民族复兴，才能以自我革命引领社会革命，以历史清醒接续新时代新征程新的伟大奋斗。

践行红岩·行动

营造良好政治生态

中共重庆市委六届三次全会将"全市政治生态风清气正向上向好"作为具体目标之一，就"健全政治生态持续修复净化机制"作出了专门部署，审议通过了《持续修复净化政治生态十项举措》。

十项举措主要包括：

一是完善坚定拥护"两个确立"、坚决做到"两个维护"制度机制。始终把政治建设摆在首位，认真贯彻加强和维护党中央集中统一领导的若干规定，建立健全习近平总书记重要指示批示精神和党中央重大决策部署闭环落实机制，具体化、精准化、常态化加强政治监督，坚决做到"总书记有号令、党中央有部署，重庆见行动"。

二是健全习近平新时代中国特色社会主义思想常态长效学习制度。坚持用党的创新理论夯实思想根基，扎实开展主题教育，认真落实"第一议题"制度，大兴调查研究，增强干部推动高质量发展本领、服务群众本领、防范化解风险本领。

三是完善破立并举长效机制，常抓不懈、久久为功持续深化肃清孙政才恶劣影响和薄熙来、王立军流毒，全面彻底肃清邓恢林流毒影响。严明政治纪律和政治规矩，严肃党内政治生活，涵养积极健康的党内政治文化，着力解决推动高质量发展、干事创业精气神不足问题，增强抓发展责任感紧迫感。

四是把牢选人用人这个政治生态的风向标。落实新时代好干部标准，坚持把政治标准放在首位，完善考核评价、容错纠错等机制，促进能者上、优者奖、庸者下、劣者汰，树立新时代选人用人鲜明导向。

五是打造新时代"红岩先锋"变革型组织，增强基层党组织政治功能和组织功能。坚持大抓基层鲜明导向，健全为基层减负常态化机制，全面加强党支部标准化、规范化建设，持续整顿软弱涣散基层党组织，把基层党组织建设成为有效实现党的领导的坚强战斗堡垒。

六是健全宣传思想工作体系。健全用党的创新理论武装头脑、教育人民、指导实践工作体系，加大革命文化、优秀传统文化等传承保护利用力度，系统推进"红岩精神"传承弘扬工程，坚持以正确价值导向巩固壮大主流思想舆论，汇聚激浊扬清的强大正能量。

七是健全完善一体推进"三不腐"战略体系。坚持以严的基调正风肃纪反腐，强化不敢腐的震慑，以彻底的自我革命净化政治生态。扎紧不能腐的笼子，完善防治腐败滋生蔓延的制度机制。增强不想腐的自觉，加强新时代廉洁文化建设和党规党纪教育，加快推进清廉重庆建设，引导党员干部崇廉拒腐，牢记"三个务必"。

八是健全系统集成、权威高效的监督体系。积极探索以党内监督为主导，各类监督贯通协调的有效途径。深化政治巡视，提升巡视整改和成果运用质效。加强对领导干部教育管理监督，增强"一把手"和领导班子监督实效。

九是完善法治和德治建设制度体系。深入学习贯彻习近平法治思想，教育引导党员干部依法依规行使权力、履行职责，提高运用法治思维和法治方式开展工作能力。持续加强领导干部政德建设，注重家庭家教家风建设，推动形成崇德尚法良好风气。

十是完善责任落实体系。坚持抓牢责任制落实这个"牛鼻子"，压紧压实各级党组织持续修复净化政治生态政治责任，推动形成一级抓一级、层层抓落实的工作格局。

> 践行红岩·典范

用生命托举生命

王红旭（1986年12月—2021年6月），重庆万州人，生前系重庆市大渡口区育才小学体育教师、人事干部，一级教师。2021年6月1日，他在长江重庆大渡口万发码头段，为挽救两名落水儿童而英勇牺牲，年仅35岁。他牺牲后，被追认为中共党员，追记大功奖励，被评定为烈士，被追授"全国优秀教师""重庆市见义勇为先进个人""2021年度感动重庆十大人物特别奖"等称号。2021年9月16日，中央宣传部追授王红旭同志"时代楷模"称号。王红旭扎根基层小学执教12年，始终忠诚于党的教育事业，爱岗敬业、忘我奉献，用实际行动模范践行习近平总书记提出的有理想信念、有道德情操、有扎实学识、有仁爱之心"四有"好老师要求，树立了新时代党和人民满意的好老师形象。

◆ "时代楷模"——王红旭

传承弘扬篇

践行红岩·活动

"让烈士回家"活动

从2019年开始,重庆市有关部门按照"送得到家,驻得下来,传得下去"的原则,在全国范围内开展"让烈士回家"活动。以"回家"为概念,通过生动的故事讲述、精彩的宣讲报告、丰富的文物史料专题展览、精湛的话剧演出一系列活动,将310位红岩英烈的事迹、精神送到烈士家乡以及他们曾经学习、生活、战斗过的地方,让英雄事迹在全国各地深入传播。

开展英烈纪念活动

"清明祭英烈"、"9·30"烈士纪念日和"11·27"烈士殉难周年纪念活动是开展红岩精神宣传教育的重要实践活动。重庆市通过祭扫、宣誓、参展、讲解、诵读、讲座、义务劳动等多种方式在全社会营造崇尚英烈、缅怀英烈、学习英烈的浓厚氛围，引导广大党员干部铭记革命历史、传承红岩精神、汲取奋进力量。

铸牢红岩魂，奋进新征程

一方水土养一方人，作为重庆城市精神核心的红岩精神承载了中国共产党人的初心和使命，见证了党为争取民族独立、人民解放的艰辛奋斗历程，体现了党的根本宗旨和光荣传统，成为鼓舞和激励中国人民特别是重庆人民不断攻坚克难、从胜利走向胜利的强大精神动力。"当代愚公"毛相林开山凿壁、修建"天路"；"时代楷模"王红旭义无反顾、舍身救人；山火中的"山城骑士"争分夺秒、逆火而行……这些都展现了红岩精神所蕴藏的跨越时空的精神伟力。新时代新征程上，我们必须始终坚持用红岩精神坚定信念、铸牢对党忠诚、站稳人民立场，凝聚力量、鼓舞斗志，焕发出更为强烈的历史自觉和主动精神，奋力谱写中国式现代化重庆新篇章。

从红岩精神中汲取真理的力量，铸牢现代化新重庆建设的共同思想基础。理论上清醒，政治上才能坚定。当年，周恩来带领国统区广大党员以"太忙就挤，不懂就钻"为座右铭，认真学习马列和毛泽东著作，学习党的方针和政策，始终自觉加强党性修养，把对共产主义的坚定理想信念内化于心、外化于行，使国统区各级党组织不断巩固发展，经受住了各种考验，成为摧不垮的坚强战斗堡垒。新时代传承弘扬红岩精神，就是要坚定不移地用习近平新时代中国特色社会主义思想凝心铸魂，开展好学习贯彻习近平新时代中国特色社会主义思想主题教育，特别是要把"十个明确""十四个坚持"

新时代传承弘扬 **红岩精神** 简明读本

◆ 2023年9月11日，重庆市学习贯彻习近平新时代中国特色社会主义思想主题教育第一批总结暨第二批部署会议召开

"十三个方面成就""六个必须坚持"联系起来学、贯通起来学，把握好、坚持好、运用好贯穿其中的立场、观点、方法，深刻感悟党的创新理论的思想伟力和实践伟力，坚定不移沿着习近平总书记指引的方向奋勇前行，深刻感悟习近平总书记的高远战略考量、宏阔历史视野、强烈使命担当，不断巩固全市各族人民团结奋斗的共同思想基础。

从红岩精神中汲取信仰的力量，坚定实现现代化新重庆建设的强大信念。心中有信仰，脚下有力量。对共产主义的坚定信仰，对党领导的中国革命事业必胜的坚定信念把战斗在国统区的共产党人凝聚在一起。他们凛然面对血雨腥风、白色恐怖的严酷政治环境，在诡谲多变、风雨如磐的斗争岁月中顽强奋斗。尽管他们知道，自己追求的理想并不一定会在自己手中实现，但他们坚信，只要一代又一代人为之持续努力，为之牺牲，崇高的理想就一定能实现。新时代传承弘扬红岩精神，就是始终坚持把对马克思主义的信仰，对中国特色社会主义的信念作为毕生追求，永远信党爱党为党，坚决拥护"两个确立"、坚决做到"两个维护"，不断提高政治判断力、政治领悟力、政治执行力，进一步把习近平总书记殷殷嘱托牢记在心目中、落实在行动上，凝聚起建功现代化新重庆建设的信心和决心。

◆ 推动成渝地区双城经济圈建设，是习近平总书记、党中央赋予重庆的重大使命任务。2023年1月28日，重庆市建设成渝地区双城经济圈工作推进大会举行。会议提出，要把双城经济圈建设放在中国式现代化的宏大场景中来谋划推进，作为市委"一号工程"和全市工作总抓手总牵引

从红岩精神中汲取奋斗的力量，展现现代化新重庆建设新作为。奋斗是中国共产党的鲜明品质。无论是全民族抗战时期周恩来领导中共中央南方局同反动势力展开的坚决斗争，抗战胜利后毛泽东赴重庆谈判为争取新中国光明前途的斗争，还是解放战争时期国统区共产党人为建立人民当家作主的新中国而浴血奋战，百折不挠，都充分显示了中国共产党没有自己特殊的利益，始终为中华民族和中国人民的根本利益而奋斗。新时代传承弘扬红岩精神，就是要以永不懈怠的精神状态和一往无前的奋斗姿态，坚持党建统领，加快打造新时代"红岩先锋"变革型组织，加快建设新时代市域党建新高地，勇担时代重任，发挥重庆优势，把全市工作放在中国式现代化

◆ 2023年3月27日，重庆市建设西部陆海新通道工作推进大会举行

传承弘扬篇

的宏大场景中来谋划和推进，持续推动共建"一带一路"、长江经济带发展、新时代西部大开发、成渝地区双城经济圈建设、西部陆海新通道建设等国家重大战略走深走实，在高质量发展中扎实推进共同富裕，为服务以中国式现代化全面推进强国建设、民族复兴作出新的更大贡献。

> 践行红岩·行动

加快建设新时代市域党建新高地

中共重庆市委六届三次全会聚焦加强党建统领，全面提高党的领导力组织力，系统谋划提出了建设新时代市域党建新高地的

◆ 2023年7月，市委六届三次全会召开。会议审议通过《中共重庆市委关于深入学习贯彻习近平新时代中国特色社会主义思想 加强党建统领 持续修复净化政治生态 全面提高党的领导力组织力 加快建设新时代市域党建新高地的意见》等文件

目标体系、工作体系、政策体系、评价体系，推动管党治党全面提质提效，为新时代新征程全面建设社会主义现代化新重庆提供坚强保证。

1个总目标：

建设新时代市域党建新高地

5个方面具体目标：

■ 拥护"两个确立"做到"两个维护"更加坚定自觉

■ 全市政治生态风清气正向上向好

■ 党的全面领导横向到边纵向到底

■ 各级党员干部和党组织建设实现系统性变革重塑

■ 全面从严治党引领保障作用持续发挥充分彰显

提高"7个能力"：

■ 政治领导能力，坚持以党的政治建设为统领，坚决维护党中央权威和集中统一领导，推动广大党员干部更加自觉地坚定拥护"两个确立"、坚决做到"两个维护"

■ 思想引领能力，坚持用党的创新理论武装头脑、指导实践、推动工作，广泛凝聚共识，引领干部群众的思想行为和实际行动始终沿着习近平总书记指引的正确方向前进

■ 担当落实能力，保持干事创业的精气神，主动在推动高质量发展、创造高品质生活、实现高效能治理中攻坚克难、争创一流

■ 服务群众能力，深入践行以人民为中心的发展思想，千方百计解决群众急难愁盼问题，全面提升人民群众的获得感、幸福感、安全感和认同感

■ 变革塑造能力，坚持系统观念，加快理念、方式、手段等

全方位创新，塑造更多变革性实践、突破性进展、标志性成果

■ 风险管控能力，发扬斗争精神、增强斗争本领，有效防范化解各领域风险，更好地统筹发展和安全，维护社会和谐稳定

■ 拒腐防变能力，发扬自我革命精神，持之以恒正风肃纪反腐、营造良好政治生态，始终保持党的先进性和纯洁性，始终保持共产党人清正廉洁的政治本色

落实6个方面要求：

■ 始终把政治建设放在首位，确保习近平总书记重要指示批示要求和党中央决策部署一贯到底

■ 切实履行管党治党责任，持续修复净化政治生态

■ 牢固树立和践行正确政绩观，真抓实干推动高质量发展

■ 更加注重改革创新，持续推动各级党组织变革重塑

■ 健全完善风险隐患闭环管控体系，扎实有效防范化解各类风险

■ 完善抓基层强基础工作体系，不断增强基层党组织政治功能和组织功能

践行红岩·活动

打造"红岩先锋"变革型组织

中共重庆市委六届三次全会提出要加快打造新时代"红岩先锋"变革型组织。这是市委对标落实党的二十大战略部署，紧扣现代化新重庆建设目标，为把各级党组织锻造得更加坚强有力，实现系统性重塑、激发创造性张力作出的重大举措。

"红岩先锋"变革型组织的科学内涵是：忠诚坚定、依法尽责、清廉为民、唯实争先、整体智治、协同高效的学习型、开放型、创新型、服务型、效能型组织。

"红岩先锋"变革型组织的实现路径是"一统六化"。

"一统"，即党建统领，以加强党的全面领导、全面加强党的建设、全面从严治党为主线，全面实行党建统领问题管控，构建"五项机制"，建立"八张报表"，用好"八张问题清单"，把各级党组织建设得更加坚强有力。

"五项机制"，即区县委书记和部门一把手例会机制；争先创优、赛马比拼机制；"三服务"机制（服务基层、服务企业、服务群众）；班子运行评估和群众口碑评价机制；最佳实践分析和典型问题案例复盘机制。

"八张报表"，包含党建报表、经济报表、平安报表、改革报表、创新报表、生态报表、民生报表、文化报表。

"八张问题清单"，包含巡视问题清单、审计问题清单、督查问题清单、生态环保督查问题清单、安全生产和自然灾害问题清单、网络舆情问题清单、群众信访问题清单、平安稳定问题清单。

"六化"，即观念现代化、工作体系化、运行法治化、管理扁平化、平台数字化、能力实战化。

市委六届三次全会明确指出，到2025年，新时代"红岩先锋"变革型组织建设取得明显成效，初步建成新时代市域党建新高地。到2027年，新时代"红岩先锋"变革型组织建设形成一系列实践成果、理论成果、制度成果，全面建成新时代市域党建新高地。

红岩故事篇

在红岩精神的形成历史过程中，涌现出许许多多可歌可泣的人物和事迹。本篇汇集的有关红岩精神的故事，就是其中的一部分。这些故事有的已经广为流传，有的则还鲜为人知。我们从中可以看到共产党人如何团结人、理解人、关心人，以伟大人格感召人；可以看到他们在工作中如何不怕苦、不怕累、克己奉公，舍己为公；还可以看到他们如何不畏强暴、不怕牺牲、大义凛然、英勇斗争。

毛泽东三顾特园会张澜

山城重庆，嘉陵江畔，有一处被誉为"民主之家"的宅所——特园。特园是著名爱国民主人士鲜英的公馆，也是中国民主同盟、三民主义同志联合会诞生地。正因为特园的重要性，中国共产党把它作为开展统战工作的一个重要阵地。1945年重庆谈判期间，毛泽东曾"三顾特园"拜访当时的中国民主同盟主席张澜，留下了一段共产党领导人与民主党派、爱国民主人士风雨同舟、共商国是的佳话。

◆ 鲜宅，又称"特园"，被誉为"民主之家"

1945年8月30日下午，毛泽东在周恩来陪同下来到特园拜访张澜。交谈中，毛泽东向张澜详细地介绍了解放区的情况，解释了中共中央8月25日《宣言》中提出的六项紧急要求。张澜连着说了几声"很公道"，并且说蒋介石要是良知未泯，就应当采纳实施。张澜

◆ 特园主人鲜英在寓所前

担心地对毛泽东说:"蒋介石在演鸿门宴,他哪里会顾得上一点信义!前几年我告诉他:'只有实行民主,中国才有希望。'他竟威胁我说:'只有共产党,才讲实行民主。'现在国内外形势一变,他也喊起'民主''民主'来了!"毛泽东说:"民主也成了蒋介石的时髦货!他要演民主的假戏,我们就来他一个假戏真做,让全国人民当观众,看出真假,分出是非,这场戏也就大有价值了。"张澜说:"蒋介石要是真的心回意转,弄假成真,化干戈为玉帛,那就是全国人民之福呀!"

1945年9月2日中午,毛泽东第二次应邀赴特园。张澜以中国民主同盟的名义,在特园宴请毛泽东、周恩来等人。毛泽东一进门就高兴地说:"这是'民主之家',我也回到家里了。"一句话,说得满园生色。在客厅里,毛泽东勉励大家:"今天,我们聚会在'民主之家',今后,我们共同努力,生活在民主之国。"之后,他还同沈钧儒谈健身,同黄炎培谈职业教育,同张申府谈五四运动的往事。大家如家人般地恳谈,气氛其乐融融。

席间,特园主人鲜英献上家酿的枣子酒。常饮此酒的周恩来向毛泽东介绍说:"这种酒的浓度不高,味道香而醇厚。"张澜举杯向毛泽东敬酒说："会须一饮三百杯！"诗思敏捷的毛泽东引陶渊明的《饮酒》诗，举杯相邀道："且共欢此饮！"

宴毕，鲜英的女儿拿出纪念册，请毛泽东题词留念。毛泽东笔走龙蛇，写下"民主在望"四个力透纸背的大字，鼓舞大家：道路尽管曲折，前途甚是光明。

1945年9月15日下午，毛泽东三顾特园。在张澜的卧室里，毛泽东介绍了国共谈判的近况。认为有些问题，如承认各党派的合法地位，保障人民自由权利，召开政治会议，以及国民大会、联合政府等已大体有了眉目，但关键问题如解放区的军队和人民政权等，

◆ 图为民盟领导人合影，左起罗隆基、沈钧儒、张澜、左舜生、史良、章伯钧

国民党则说什么"根本与国家政令军令之统一背道而驰"。实际上，谈判已经陷入停顿。国民党正在美军的帮助下，名为运兵接收，实为准备内战。

张澜推心置腹地对毛泽东说："国民党丧尽民心，全国人民把希望寄托给你们。你们当坚持的，一定要坚持，好为中国保存一些干净土地！"毛泽东连连点头。张澜提醒说："你们同国民党关起门来谈判，已经谈拢了的，就应当把它公开出来，免得蒋介石以后不认账。"他提出，由他给国共两党写一封公开信，把这些问题摊开在全国人民面前，好受到全国人民的监督和推动。毛泽东欣然采纳，当面称赞张澜是"老成谋国"。

1945年10月10日，国共双方举行会谈纪要签字仪式。11日上午，毛泽东乘车至九龙坡机场，返回延安。张澜、鲜英等专程前往机场送别。后来，张澜在回顾与毛泽东等中国共产党人的交往历史时，曾感慨地说："我一生经历了几个朝代，在长期的革命斗争中，使我终于发现，只有中国共产党才是真正为祖国、为人民谋福利的惟一政党。"

佳作唱和传渝州

北国风光，千里冰封，万里雪飘。望长城内外，惟余莽莽；大河上下，顿失滔滔。山舞银蛇，原驰蜡象，欲与天公试比高。须晴日，看红装素裹，分外妖娆。

江山如此多娇，引无数英雄竞折腰。惜秦皇汉武，略输文采；唐宗宋祖，稍逊风骚。一代天骄，成吉思汗，只识弯弓射大雕。俱往矣，数风流人物，还看今朝。

1945年重庆谈判期间，毛泽东将他于1936年2月创作的《沁园春·雪》一词抄录赠与老友柳亚子。该词后经发表，一时引起轰动，留下一段"佳作唱和传渝州"的传奇佳话。

当时时值抗战胜利不久，毛泽东不顾个人安危，于1945年8月28日飞抵重庆，与国民党当局进行谈判。柳亚子得知这一消息后非常激动，为此赋诗一首。

阔别羊城十九秋，重逢握手喜渝州。
弥天大勇诚能格，遍地劳民乱倘休。
霖雨苍生新建国，云雷青史旧同舟。
中山卡尔双源合，一笑昆仑顶上头。

谈判期间，毛泽东专程前往沙坪坝看望柳亚子等人。谈笑之间，柳亚子趁机向毛泽东索诗。毛泽东后以《沁园春·雪》一词书赠柳亚子，并附信说："初到陕北看见大雪时，填过一首词，似与先生诗格略近，录呈审正。"

接到手稿后，柳亚子为词中磅礴气势、丰富意涵所折服，惊呼"为中国有词以来第一作手，虽苏（苏轼）、辛（辛弃疾）犹未能抗手"。通过反复吟诵，柳亚子步其韵，和了一首《沁园春》。随后，柳亚子将毛词及自己的和词抄送给《新华日报》予以发表，但报社表示需向党中央请示。

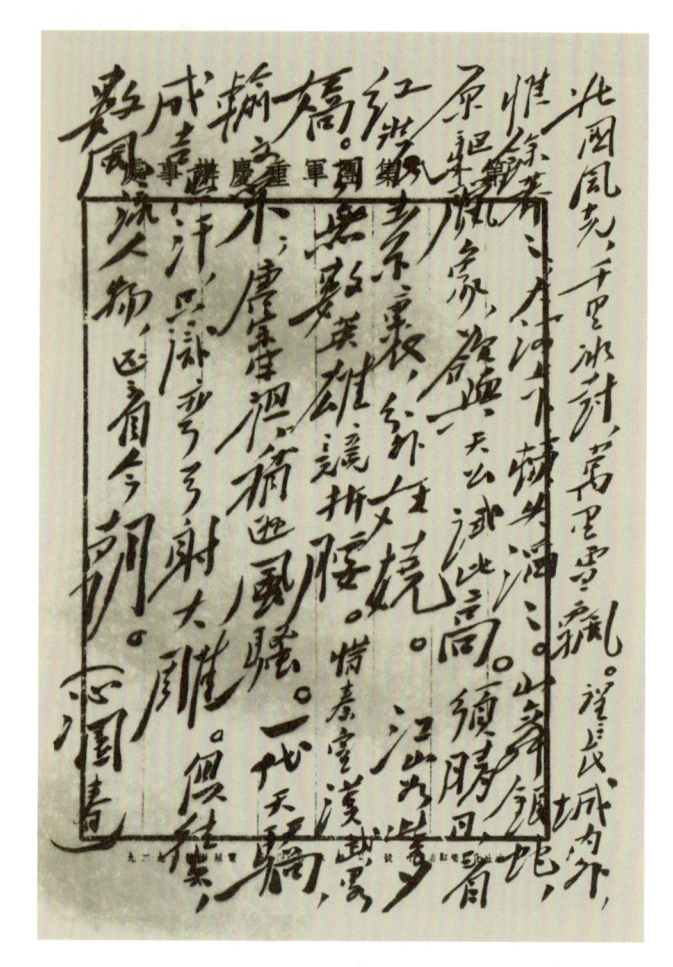

◆ 毛泽东题写在"第十八集团军重庆办事处"信笺上的《沁园春·雪》

为免延误，《新华日报》单独刊发了柳亚子的和词。

当读者从《新华日报》柳词中得知毛泽东有一首咏雪之作，都表示了极大兴趣，想方设法要读到原词。10月25日，柳亚子与画家尹瘦石举办"柳诗尹画联展"，展出了毛泽东《沁园春·雪》原词手稿。手稿一经面世，即在山城流传开来。

当时一些文化界进步人士多方奔走，以一睹毛泽东词稿为荣。剧作家吴祖光时任《新民报晚刊》副刊编辑。他四处打听，终于抄得一份完整的《沁园春·雪》，并在该报副刊刊出，并赞其"风调独绝，文情并茂，而气魄之大，乃不可及"。这是《沁园春·雪》的第一次公开发表。

一石激起千层浪，不久《大公报》顺势而动，集合《新华日报》上柳词和《新民报晚刊》上毛词刊出，再度引起世人争相传阅。重庆各大报竞相转载，并发表大量唱和之作，俨然在文化界形成一股"《沁园春》热"。甚至一些饭店也看准商机，收集数十首《沁园春》词作悬挂店里，招徕顾客。

《沁园春·雪》产生的"轰动效应"使蒋介石大为恼火，严令国民党宣传部门布置围攻策略，消除毛词影响。一夕之间，国民党控制的各大报纸刊登了大量的与毛词针锋相对的《沁园春》，还著文攻击毛有封建帝王思想，解放区是"封建割据"，人民武装是"拥兵自重"。

面对国民党当局的无理挑衅，文化界进步人士以和词、文章予以迎头痛击。连当时远在延安的黄齐生、山东解放区的陈毅等人也遥相呼应，加入反击行列。

蒋介石不甘心就此失败，竟暗地在国民党内部开展一次大规模的征词活动，拟从中遴选几首在意境、气势上能超过毛词的，但直至败退台湾，他也没有找出一首"毛泽东级别"的词来。蒋介石曾羞愧表示，这比打一个败仗还丢脸！

《沁园春·雪》引发的文坛唱和可以说是抗战胜利后文化战线上

的一件大事，也是重庆抗战文化史上浓墨重彩的重要篇章。它如平地一声春雷，震撼山城重庆。人们从词中不仅看到了毛泽东的博大胸襟和绝伦文采，更重要的是从毛泽东及其领导的共产党身上，看到了中国的希望之所在。

红岩故事篇

《我的修养要则》

◆ 周恩来在红岩办公

1943年3月18日（农历二月十三日），按农历算法，这天正好是周恩来45周岁的生日。当天下午，他在中共中央南方局机关整风会上给大家作报告，结合个人的成长、革命经历，回顾、检讨历史经验和教训，并进行了严格的自我剖析和反省。散会后，同志们特意准备了比平日多一点菜肴的晚餐，想以此简单的形式来祝福周恩来的生日，周恩来婉言谢绝，但因同志们的盛情难却，他才勉强吃了一碗寿面以示感谢，随即离席回到自己的办公室。

在办公室里，他独自一人，沉浸于由生日触发的历史反思中。

在下午的报告中,他检讨自己"由于母教的过分仁慈礼让,使自己也带有几分女性的仁慈,缺乏一种顽强和野性,故对于党内错误路线斗争,往往走调和主义",参加革命"迄今已20年,经常处于实际工作的情况,故培养了一些工作能力",但"理论修养不够,有些事务主义的作风"。凡与周恩来共过事的同志,无不为他的学识、才华、修养和干练的办事能力所折服,而此时此刻,周恩来按整风精神反复回顾个人经历中的体验和得失,却深感自己的修为与实现党的事业目标所需要的努力,与党中央开展整风运动对党的领导干部的要求等等,还存在着诸多差距。想到这里,他郑重地拿起笔来,写下了《我的修养要则》。

(一)加紧学习,抓住中心,宁精勿杂,宁专勿多;

(二)努力工作,要有计划,有重点,有条理;

(三)习作合一,要注意时间、空间和条件,使之配合适当,要注意检讨和整理,要有发现和创造;

(四)要与自己的他人的一切不正确思想意识作原则上坚决的斗争;

(五)适当发扬自己的长处,具体地纠正自己的短处;

(六)永远不与群众隔离,向群众学习,并帮助他们。过集体生活,注意调研,遵守纪律;

(七)健全自己身体,保持合理的规律生活,这是自我修养的物质基础。

这份提纲式的"要则"分为七条,看似简单明了,却从学习工作方法、自律自省、群众路线、生活态度、党性修养等方面,为自己规划了一篇"大文章"。这既是周恩来对过去的自我解剖，也是对未来的期许；既是他整风期间的学习成果，也是他对自己的警醒勉励和庄严承诺。大到思想原则上的坚定性，小到日常生活中的自觉性，充分体现了一个共产党人对自我的高标准、严要求。

周恩来就是以这样一个特殊的方式，给自己45周岁留下了一份

◆ 《我的修养要则》手稿

特别的生日纪念，给后世留下一篇传世名作和一份红岩人风范的永恒记录，更是在思想上、作风上、行动上，以整风的精神为广大共产党人特别是党的领导干部，树立起了自觉自省、自律自警、自励自奋而与群众融为一体的不朽典范。

我要坚持到最后

1941年1月17日，皖南事变发生后，国民党中央通讯社发布了国民政府军事委员会的通令和发言人谈话，诬称新四军为"叛军"，宣布取消新四军番号，并将军长叶挺交付军事法庭审判，将第二次反共高潮掀向顶点。

当晚在红岩村，周恩来压抑着满腔悲愤，向同志们通报了皖南事变的经过，并冷静地分析了局势发展的几种可能性：国共两党"藕断丝连"的局面有可能继续坚持下去，也有可能就此一刀两断，全面破裂。同志们要随时准备反击国民党顽固派的突然袭击，要随时准备着被捕、坐牢，甚至被杀头！

面对可能出现的最坏局面，周恩来告诫大家，国民党顽固派的主要目的是想获得我党的机密，破坏我们的党组织，打击同情我们的民主爱国人士。我们绝不能让他们得逞。我们是公开的共产党机关工作人员，如果大家被捕，可以告诉他们，自己是共产党员，我们红岩和曾家岩只有一个支部，支部书记是周恩来。问别的，一概说不知道，可以叫他们去问支部书记，问周恩来，问我！我们在牢里，要坚持不泄露党的机密，好好保养身体。国民党也有可能不杀我们，但要做好最坏的准备，要准备牺牲。要牺牲，我们一块牺牲。

接着，周恩来饱含深情地讲述了牺牲在广州的革命烈士陈铁军、周文雍在刑场上的故事，又念了叶剑英写的纪念方志敏的诗："血染

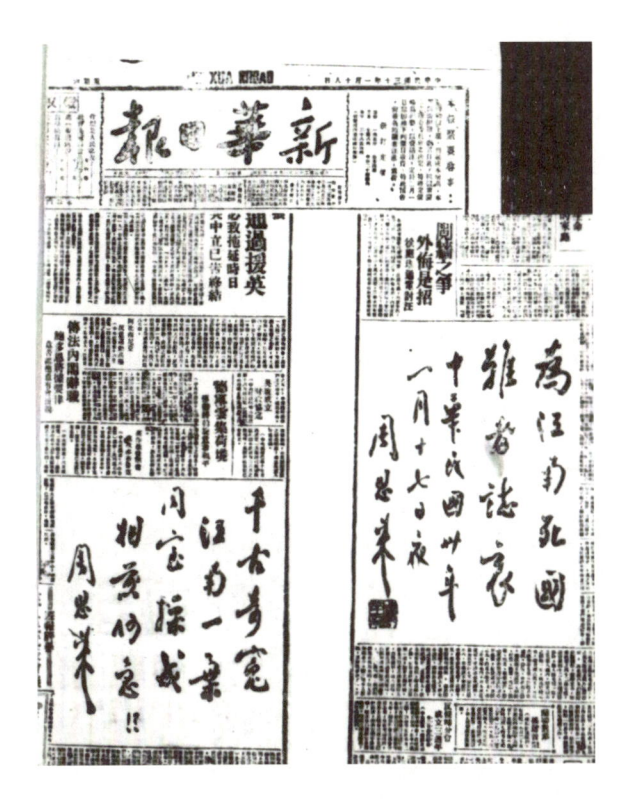

◆ 1941年1月18日，载有周恩来为皖南事变题词手迹的《新华日报》

东南半壁红，忍将奇迹作奇功，文山去后南朝月，又照秦淮一叶枫。"号召同志们向烈士学习，在任何情况下都要保持共产党员的革命气节。

当晚周恩来还在办公室悲愤写下"千古奇冤，江南一叶，同室操戈，相煎何急！"和"为江南死国难者志哀"的题词。次日清晨，印有周恩来亲笔题词的《新华日报》冲破国民党军、警、宪、特的封锁，传遍山城的大街小巷，周恩来的题词震撼了国统区的各阶层人士，它揭露了皖南事变的真相，表达了对国民党最强烈的抗议。

与此同时，党中央十分担心中共中央南方局和办事处同志们的安全，数次电示周恩来等迅速撤退，回返延安。一向以组织纪律性强著称的周恩来，在此紧急关头却没有简单地"服从命令"，一走了之。他与其他领导同志一起研究了局势的复杂性，毅然表示："我要坚持到最后！"时任中共中央南方局机要科长的童小鹏后来回忆道："当时我们坚持在红岩工作的同志都有一个共同的感觉，只要有恩来同志在，我们就毫无畏惧。"

经过反复陈述，党中央同意周恩来、董必武、邓颖超等人留在重庆。1月27日，周恩来率八路军驻重庆办事处全体工作人员致电毛泽东和中共中央："向你们保证，无论在任何恶劣的情况下，我们仍以不屈不挠的精神，坚守我们的岗位，为党的任务奋斗到最后一

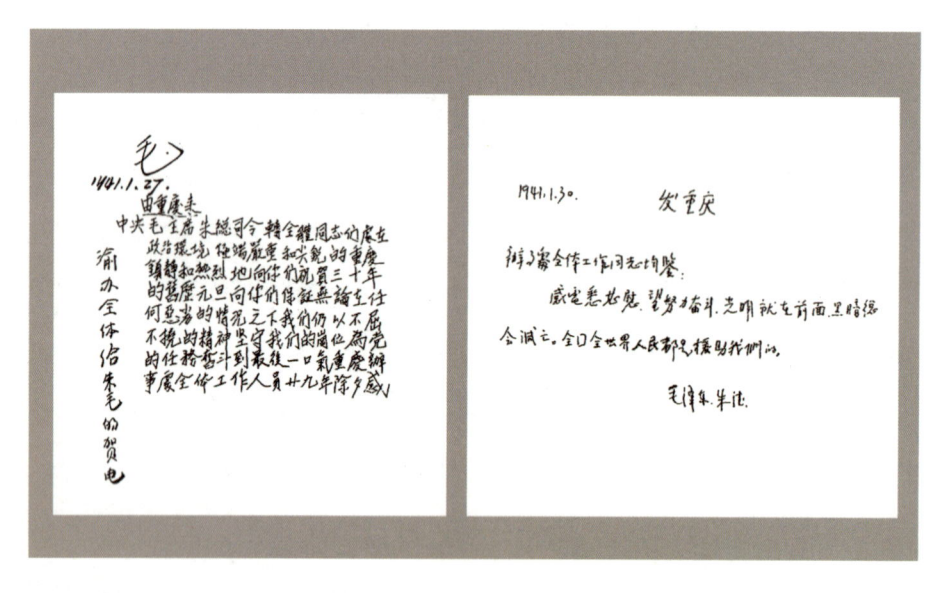

◆ 皖南事变后，八路军驻重庆办事处全体工作人员致毛泽东、朱德等的电文（记录稿）及毛泽东、朱德的回电（记录稿）

口气。两天后，毛泽东、朱德回电："甚慰，望努力奋斗，光明就在前面，黑暗总会灭亡。全国全世界人民都是援助我们的。"

皖南事变后，以周恩来为首的中共中央南方局始终屹立在斗争第一线，最终配合党中央击退了国民党顽固派掀起的第二次反共高潮。对此，中共中央高度评价道，"蒋介石在这次斗争中，遭遇到真正的劲敌与攻不开的堡垒"，"蒋从来没有如现在这样受内外责难之甚，我亦从来没有如现在这样获得如此广大的群众"。

秘密大营救

1941年12月8日凌晨,日寇突袭香港九龙,厄困于香港孤岛的众多抗日文化志士、爱国民主人士身陷危境。党中央和中共中央南方局对身陷困境的文化界朋友及民主人士十分关心,周恩来紧急电示八路军驻香港办事处廖承志、潘汉年等人,明确指示:被困香港的爱国民主人士和文化界人士,不少是我国文化界的精华,要迅速做好应变准备,要不惜一切代价,用尽一切办法把他们抢救出来,转移到大后方安全地区。一场有计划、有组织的香港秘密大营救拉开了帷幕。

周恩来坐镇红岩,做出了具体安排。廖承志等各方党组织负责人大胆、精心、巧妙地策划和组织实施。这次秘密大营救行动,共营救出包括何香凝、柳亚子、邹韬奋、茅盾、夏衍、沈志远、张友渔、胡绳、范长江、刘清扬、梁漱溟、千家驹、黎澍、戈宝权、张明养、韩幽桐、吴全衡、羊枣、叶籁士、胡风、

◆ 文化界人士撤离香港路线示意图

高士其、蔡楚生、司徒慧敏、金山、宋之的、于伶、黄药眠、沙千里、叶浅予、蓝马、杨刚、张铁生、金仲华、廖沫沙、袁水拍、乔冠华、徐伯昕、周钢鸣等800多名爱国民主人士、进步文化人及其家属。还营救出国民党驻香港代表陈策、国民党第七战区司令官余汉谋的夫人上官贤德等，以及近百名英国官兵和英、荷、比、印等国侨民，并且接应了2000多名回国参加抗日的爱国青年。

在这次大营救中，何香凝和柳亚子脱险的经过尤为曲折。

何香凝和柳亚子都是中国民主革命的先驱，党中央发来急电，要竭尽全力帮助和救援何、柳脱离险境。1942年1月14日黄昏，香港八办工作人员潘柱和交通员带着何香凝和柳亚子一行人来到鸭旦街海丰会馆丰桂堂内，这里也是党组织的秘密联络站。不一会，进来一男一女，男的是交通员谢一超，女的是他的妻子。谢一超表示会尽力保护他们，请他们放心。何香凝和柳亚子微笑着点头。

谢一超把何香凝和柳亚子一行人安排到他的货船上，货船本来有机械动力，但因香港沦陷后，怕被日寇征用，便忍痛把动力装置拆下，沉入海底，船的行驶就只靠着几面帆篷。一行人从长洲岛上船，上船之前，为了安全起见，谢一超还和何香凝、柳亚子商量取个假名字，编造双方的关系。柳亚子改名王重，和谢一超是师生关系。因何香凝是廖仲恺的夫人，同船有个姓廖的生意人就认她做母亲。

从长洲岛到汕尾的海路行程，一般顺风两天便可到达，然而何香凝、柳亚子一行人从长洲岛出发后，海上都是逆风，走了四五天都还在香港九龙一带。第六天的时候，谢一超便派护送员坐小船到小港内打淡水，在途中碰到东江游击队的海上巡逻船，护送员就把何香凝、柳亚子等在船上无粮无水的事向他们报告。东江游击队的巡逻船很快来到大船边，送来了鸡蛋和牛奶，还有一封向廖夫人表示歉意的信。

此时，海上刮起了风。顺风满帆，在海上飘零了八天八夜之后，船只安全到达海丰的马宫港湾。前来接应的交通员把柳亚子扮成香港大客商，何香凝等扮成家人，晓行夜宿，终于把他们送到安全地带。

这次大营救行动，在中共中央南方局的领导下，沿途各地党组织以及游击队、统战组织都动员起来，将自身生死置之度外，从香港到东江、韶关、桂林、重庆、上海及苏北等地，足迹遍及11个省

◆ 被营救脱险的文化界人士和爱国民主人士到达东江抗日根据地后，受到热烈欢迎。图为茅盾（前排左三）、戈宝权（后排左三）等第一批到达东江游击区的文化界人士合影

市，行程万里以上，沿途与日、伪、顽、匪斗智斗勇，把困在香港的爱国民主人士和文化界人士这支庞大的队伍从敌人虎口中安全营救出来，没有出一次事故，没有一个人遇险牺牲，这是中共中央南方局创建的一项历史性奇迹。

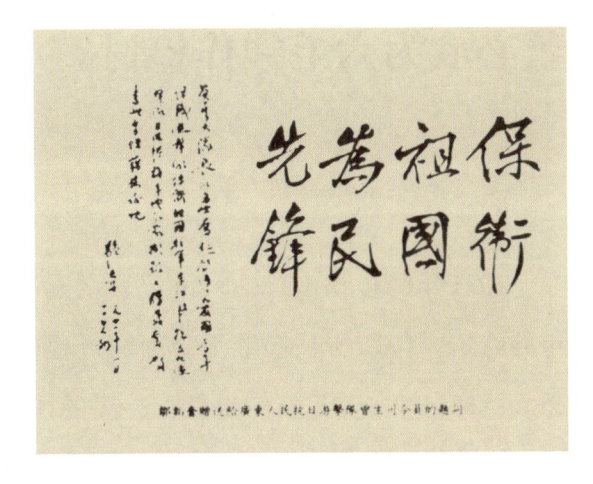

◆ 邹韬奋亲笔题写"保卫祖国 为民先锋"八个字，赠给东江游击队领导人曾生

因此，茅盾称这次香港大营救行动是"抗战以来最伟大的抢救工作"。它大大提高了中国共产党的威信，进一步密切了党和广大进步文化人士的关系；大大增强了党在大后方爱国知识分子和进步文化人中的向心力和凝聚力，造就了一支高举抗战大旗、为民族解放呐喊战斗的文化大军，起到唤醒、团结、教育和动员国统区民众参战的作用，从而为抗日战争的最后胜利奠定了坚实的群众基础。

董必武为六毛钱作检讨

1985年的金秋十月，81岁高龄的邓颖超重返山城重庆。在与当年的红岩招待所所长杨继干会面的过程中，共同回忆起一件关于董必武严格自律、为区区六毛钱作检讨的往事。

邓颖超紧握着杨继干的手万分感慨地说："老杨，当年我们在红岩村生活可是够艰苦的呀。"

杨继干说道："可不是嘛！那时我们伙食费一个月三块法币，毛主席来重庆，看我们成天吃空心菜、胡豆，说我们伙食比延安还差，

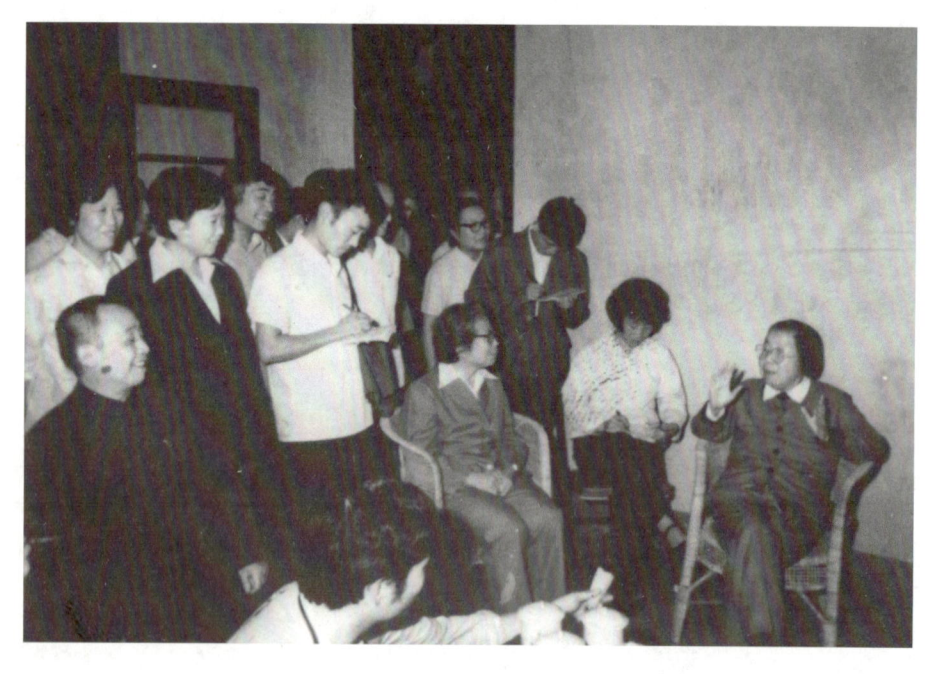

◆ 1985年10月，邓颖超向大家讲述当年董必武为六毛钱作检讨的往事

伙食费才增加到五元六角。我看周副主席工作太辛苦，每天睡觉很少，就早晨给他增加了两个鸡蛋。他问有病的同志吃啥子？我说，每天半磅牛奶，两个鸡蛋，一个月四斤肉。周副主席还不答应。我说，你不要管我，伙食由我安排。周副主席火了，说：'你不让我管你，我让你回去当老百姓。'孔原同志那时是行政科长，支持我说：'继干同志，你这样做是对的，不能让周副主席身体垮下去呀。'"说到这里，杨继干又回忆起一件往事，他深情地说："当时每个月的开支账目都由董老核查。有一次，有六毛钱平不了账，董老在大会上作了检查，还给党中央写了检讨。解放后我去北京看董老时，我们还提起这件事哩。"

邓颖超兴奋地说："这件事我记得！"随后，她不无叹息地说："那时为了六毛钱董老都作检讨，现在有的人浪费国家资产几万元、几十万元、几百万元、几千万元都不心疼呀！"

董必武是驻重庆时间最长的中共中央南方局领导人之一，他一生清廉，立党为公、严于律己，虽然长期担任党的重要领导职务，但从不自视特殊，甘愿当人民的"配角"和"老牛"。全民族抗战时期，董必武在重庆负责党的统战工作，长期以朴素简单的穿着与国民党上层人士打交道，他说："我们共产党人，是要革命，不是要讲阔气，同国民党比，要比革命，比谁是真正为亿万中国人民谋利益，比谁能得到中国劳苦大众的拥护。我们每花一分钱，都要想到解放区人民的艰苦生活，想到敌占区人民逃荒要饭的惨景。"在管理伙食开支方面，对身边的同志们说："我们党的经费来得不容易，每分每厘都是同志们用血汗甚至生命换来的，我们只有精打细算的责任，

◆ 周恩来与董必武在红岩

没有浪费铺张的权力。"作为管理中共中央南方局经济的负责人,董老总是提倡勤俭节约,做到物尽其用,财尽其力。为了节省开支,他要求自己的伙食标准比规定的低;发给的衣物、用品,只要还能凑合用就继续用。

新中国成立后,董必武仍旧保持自己的这一作风,并题写了"民生在勤,勤则不匮""性习于俭,俭以养廉"作为自己的座右铭,无论走到哪里,他都始终把艰苦朴素、克己奉公的作风带到哪里。正是老一辈无产阶级革命家的这种率先垂范,无形地影响、教育着红岩的其他同志,进而使艰苦奋斗的优良作风成为红岩每一位同志的自觉行为,也是他们终身遵守的人生准则。

叶挺出狱第一愿

1946年3月7日晚，一场隆重的入党仪式在重庆市中山三路中共代表团驻地举行，周恩来、董必武、邓颖超等人参加。在会场，周恩来宣读了毛泽东亲笔修改过的《关于中共中央同意叶挺同志入党》的电文。

亲爱的叶挺同志：欣闻出狱，万众欢腾。你为中国民族解放与人民解放事业进行了二十余年的奋斗，经历了种种严重的考验，全中国都已熟知你对民族与人民的无限忠诚。兹决定接受你加入中国共产党为党员！并向你致热烈的慰问和欢迎之忱。中共中央，三月七日。

他的话音刚落，会场顿时响起了热烈的掌声。坐在前排的叶挺，激动地站起来和周恩来紧紧相握、拥抱。"祝贺你，叶挺同志！"董必武、邓颖超等人也纷纷涌向前，向叶挺表示衷心的祝贺。

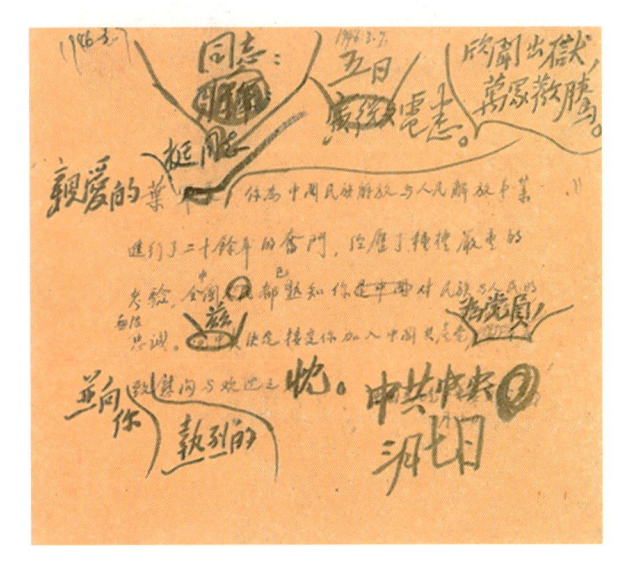

◆ 毛泽东亲笔修改中共中央批准叶挺入党电文

叶挺，1924年加入中国共产党，曾参加过南昌起义和广州起义。广州起义失败后，流亡德国，失去了组织关系。全民族抗战爆发后，他回国担任新四军军长，转战大江南北，给日寇以重创。1941年，国民党顽固派发动了皖南事变，围攻北上抗日的新四军，为了挽救新四军部队，叶挺不顾危险，前往谈判，被扣留。

蒋介石非常欣赏叶挺的军事才干，长期以来总想拉拢叶挺为他带兵，但都遭到拒绝。此次叶挺落入他的手中，便想借此机会收服叶挺。在蒋介石的授意下，顾祝同、上官云相、陈诚等人轮番出面"劝降"，他们多次请叶挺"赴宴"，席间"好言相劝"，要叶挺"归顺"于蒋介石，诬说皖南事变是共产党挑起的，并以第三战区副司令长官之职相诱。遭到叶挺的痛斥，他坚决表示："头可断，血可流，志不可屈！"

叶挺随后接连被囚禁于恩施、桂林、重庆等地。面对蒋介石的威逼利诱，叶挺坚定信念、坚贞不屈，写下著名的

◆ 叶挺出狱后与夫人及孩子们在红岩留影

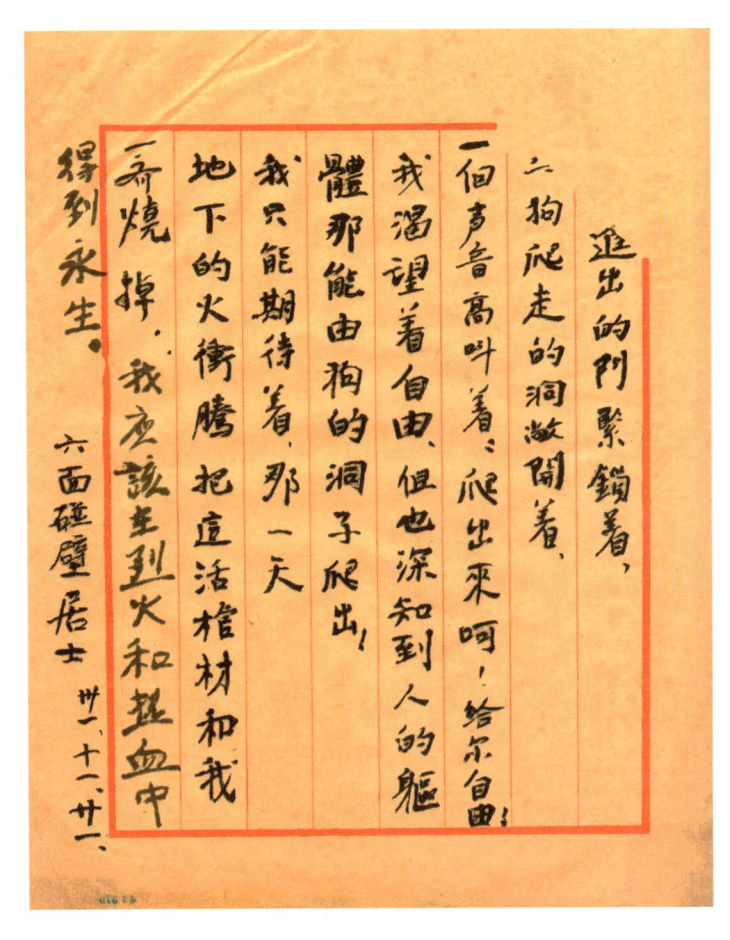

叶挺在重庆红炉厂蒋家院子秘密囚室写的《囚歌》

《囚歌》以明志:"为人进出的门紧锁着,为狗爬走的洞敞开着……我渴望着自由,但也深知到人的躯体那能由狗的洞子爬出!我只能期待着,那一天,地下的火冲腾,把这活棺材和我一齐烧掉,我应该在烈火和热血中得到永生!"

叶挺被关押期间,党一直在设法营救,但都遭到国民党的无理拒绝。1946年3月,我党再次提出首先释放在邯郸战役中被我军生俘的国民党十一战区司令长官马法五，作为交换条件，国民党才同意释放叶挺。

释放前，当戴笠派特务询问叶挺出狱后的打算时，叶挺毫不迟疑地回答：我出狱后的第一件事就是申请加入中国共产党。戴笠听后，禁不住发出"共产党可怕，就可怕在这些地方"的慨叹！

1946年3月4日，叶挺获得自由。他在获释后的第二天即立即致电中共中央，提出入党申请。3月7日，党中央复电同意了叶挺的请求，毛泽东还亲笔修改了电文。

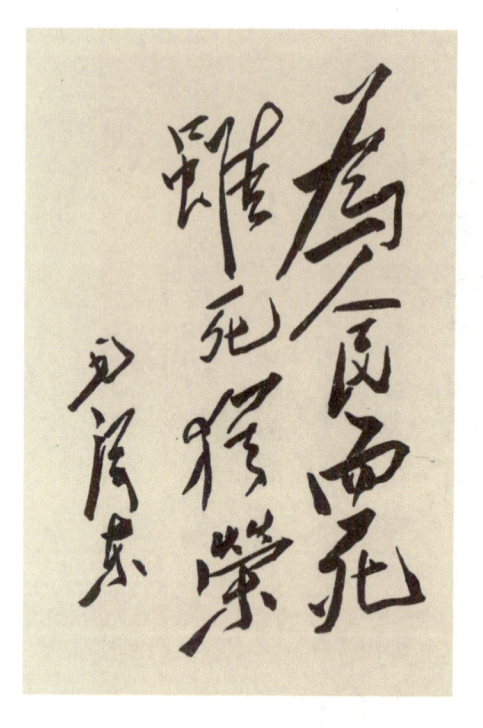

◆ 毛泽东为"四八"烈士的题词

1946年4月8日，叶挺与夫人李秀文、女儿叶扬眉、幼子叶阿九、王若飞、博古、邓发等人，由重庆飞往延安，乘机途中不幸飞机失事，机上人员全部遇难于山西兴县黑茶山，史称"四八"烈士。

将星陨落，苍天生恨，山河同悲。中共中央在延安为"四八"烈士举行了隆重的追悼大会，毛泽东亲笔写了"为人民而死，虽死犹荣"的题词。

宁为玉碎，不为瓦全

张文彬是一位儒雅风趣、富有传奇色彩的革命者。美国女作家尼姆·威尔斯在《续西行漫记》一书中，称誉他是"中共第一流青年政治家"。

张文彬，湖南平江人。1926年12月，年仅16岁的张文彬投身了革命，1927年加入中国共产党，先后担任过红三军团第五军政治委员、毛泽东的秘书，经历过长征，年轻时就表现出出众的才干。1937年9月，张文彬肩负重任南下广东，整顿党组织、开展统战工作，领导武装斗争。1938年，中共广东省委成立，被任命为书记。1940年9月，担任中共南方工作委员会副书记。1941年12月，香港沦陷，他与廖承志等人制定抢救文化人士的方案和措施，全力以赴营救在港

◆ 张文彬在延安

◆ 张文彬与叶剑英、童小鹏等合影

文化名人。

抗战进入相持阶段以后，国民党顽固派不断制造摩擦。1942年5月下旬，张文彬得知中共江西省委被破坏的消息，马上研究对策，决定将位于广东大埔县枫朗镇的中共中央南方工作委员会机关分头向闽西、东江等地转移。6月，张文彬途经大埔县高陂镇时，遇到叛徒郭潜引领的特务一行人。张文彬立即意识到危险，正准备离开，但郭潜却将他死死缠住，紧抓不放。张文彬极力反抗，最后寡不敌众，被特务抓获，他眼见难以脱身，就向周围的群众高声大喊："请大家注意，有汉奸！反革命逮捕爱国分子！"以此示意其他同志迅速离开。

张文彬被押解到江西省泰和县马家洲国民党集中营囚禁。国民党对他很重视，包括国民党中统局驻赣观察员、特种工作办事处总干事庄祖芳都曾亲自提审张文彬并劝降。张文彬原来就患有肺病，身陷囹圄之后，监狱条件非常恶劣，特务用老虎凳等酷刑来折磨他，致使他病情恶化。特务以此来要挟他："只要你放弃立场，不但可以获得自由，而且还可以给你治病。"这些劝说，都被铁骨铮铮的张文彬一口拒绝。

在狱中，张文彬病重已极，他向国民党监狱负责人要求与同牢的廖承志见面。见到廖承志，他很激动，说："我一生为党工作，坚信马列主义，坚信党，现在生命到了尽头但死而无憾。"最后，他还用嘶哑的声音哼唱起《国际歌》，与廖承志告别。

1944年8月26日，张文彬在江西马家洲集中营病逝，终年34岁。看守人员在检查他的遗物时，发现他生前留下的一封题为《我誓死不能转变》的遗书。他在遗书中表达了"宁为玉碎，不为瓦全"的决心，表示："誓死而归，乐于就义，愿为江西人，尤其为整个中华民族的革命儿女留些正气吧！"

用生命为党报警

1942年7月9日，中共中央南方局领导下的广西省工委副书记苏蔓和他的妻子广西省工委妇女部长罗文坤，以及中共南委驻桂林特别交通员张海萍，因为叛徒的出卖在桂林逸仙中学被捕。国民党特务抓到了苏蔓等人，如获至宝，企图从他们身上打开缺口，一网打尽广西全省的党组织。特务把他们三人押往龙隐岩刑讯处，先是诱降，不成便用各种酷刑逼供，苏蔓坚决拒绝招供。

◆ 苏蔓

为了迫使他们动摇、屈服，国民党特务当着罗文坤的面，又继续施以更残酷的吊刑，严刑拷打苏蔓。苏蔓多次昏死，但始终坚贞不屈。但特务从他们口中得到的却是："地下党是不会被赶尽杀绝的……"特务在给上级的报告书中沮丧地写道："通宵达旦，未尝休息，而犯人仍顽不认，亦不悔悔。"次日清晨，敌人令叛徒郭潜当面质证苏蔓的身份，进行劝降，并没有达到目的。

特务们一计不成，想出了一条更加阴险毒辣的诡计，"放长线钓大鱼"。11日，特务们将三人假装释放回桂林逸仙学校，派特务暗中监视，以期将地下工作的党员一网打尽。苏蔓识破了敌人的诡计，但党组织不知道叛徒已将他们出卖，此时又无法向组织报信。12日清晨，苏蔓三人分头开始准备后事，先认真批改完学生的期考试卷，接着为学生送来的纪念册一一题字留念，然后整理衣物书籍，最后苏蔓在特务留下的、让他们签字的悔过书上奋笔疾书"不自由，毋宁死"6个大字。13日凌晨，三位年轻的共产党员为了保全党组织和其他同志的安全，在生与死的考验面前，毅然选择了集体自杀！以壮烈的行动粉碎特务的阴谋。苏蔓牺牲时年仅28岁，罗文坤26岁，张海萍25岁。

三烈士的壮烈行动震动了桂林城，国民党特务向上司报告说，三人同时自缢身死，事出仓促，殊为骇异。国民党的《扫荡报》诡称是"桃色事件"作了报道，这无异于向中共组织报了警，因为广西党组织其他同志非常了解苏蔓等人的革命品质，一看新闻就明白了他们牺牲的真相。省工委书记钱兴当即由肖雷掩护向灵川转移，并令黄嘉等人通知已暴露和可能暴露的党员紧急撤退。在这次严重事件中桂林市70%以上党员保存下来了，特别是苏、罗、张单线领导和联系的党组织，一个也没有遭到破坏。苏蔓、罗文坤、张海萍以自己的青春和热血，保卫了党的组织和许多党员。

高扬我们的旗帜

◆ 罗世文　　　　◆ 车耀先

1940年3月，为了达到破坏中共在四川领导的抗日民主运动，摧毁共产党组织和打击爱国民主力量的目的，国民党在成都制造"抢米事件"，以此嫁祸共产党，并逮捕了中共川康特委书记罗世文和成都抗日救亡运动领导人车耀先。

戴笠亲自提审了罗世文。他声称这次被捕"纯属是误会"，望罗世文"从国家民族利益出发，共同参加我们的工作"。然而，却遭到罗世文的严辞反驳。之后，戴笠又搬出军统大特务邓文仪（罗世文留苏时同学）来招降。邓某大叙同窗之谊，企图借机以个人前途诱劝罗世文自首。罗世文义正驳斥邓文仪："如果国民党也以四万万人民的生存为重，国共两党是会合作的，我'自首'什么？如果国民党一定要把江西那段历史重演，那简直是中华民族的悲哀！我坚决反对国民党走这种历史重演的道路！"罗世文以革命者的大义凛然，捍卫了革命者的凛然正气。

车耀先被捕后，被囚禁在重庆军统望龙门看守所。戴笠企图在车耀先身上打开一个缺口以破坏四川党的组织。在严刑拷打面前，车耀先宁死不屈。戴笠见严刑不能使其背叛革命，便改用软化的办法。当得知车耀先对主张抗日的冯玉祥比较尊敬时，便向车耀先表示，只要他发表一个声明，就请冯玉祥介绍他加入国民党，并委派他出任四川民政厅长。车耀先断然拒绝，表示"宁死也不同意"。威胁利诱不能达目的，戴笠又采取"攻心战术"，拿来曾国藩的《曾文正公家书》，要车耀先每天必读，并写心得，以达到软化的目的，转变其革命立场。然而，车耀先既未被软化，更未转变，反为这本书所启发，他利用牺牲前的一段时间，把自己走过的道路写成自传教育子女，要他们继承遗志。他借助牢房里昏暗的灯光，拖着伤痕累累的双手，总结了自己四十多年的人生经历，写下了自传。在《自传》引言中他告诫子女：出身贫苦，不可骄傲；创业艰难，不可奢华；努力不懈，不可安逸。能以"谦、俭、劳"三字为立身之本，而补余之不足，能以"骄、奢、逸"三字为终身之戒，而为一个健全之国民，则余愿是矣。"奋斗四十年，始有今日"，车耀先对自己经过艰苦曲折而终于走上革命道路感到无比自豪。面对今日身陷囹圄，面临死亡，他毫不后悔，对革命矢志不渝。

车耀先、罗世文的坚贞不屈，令国民党特务无计可施，便把罗世文、车耀先押送到息烽监狱长期关押。进入息烽监狱后，为了分化革命者之间的团结，特务们给罗世文和车耀先以不同于其他政治犯的优待，并造谣罗、车二人将为国民党工作，使狱中的其他革命者对罗、车二人产生误会。

监狱里的斗争是尖锐的，犹如熔炉一般。是真共产党员还是假共产党员，在熔炉的烈火中很快便能受到试炼。假的会化为灰烬，而真的则会显出耀目的光辉。罗、车二人在监狱里的斗争表现，使其他革命者识破了特务的诡计。他们更加团结，并在罗世文的领导下组建了狱中秘密临时党支部，由罗世文任支书，车耀先、韩子栋任支委，有组织地开展狱中斗争。后来韩子栋回忆：车耀先博闻多识，有广泛的知识。诙谐、健谈，能在谈笑中鼓舞人心。1944年，车耀先管起了狱中的图书馆，于是，这个图书馆就变成了难友们的精神食粮供应处和联络站。遇着重要的消息，车耀先就把线装书拆开，把消息夹在里头再把它重新装订上，然后把书拿出去。

1945年抗战胜利后，国共两党在重庆谈判期间，中共中央曾向国民党提出释放全国"政治犯"的要求，其中提到罗世文、车耀先。1946年7月，军统为掩盖真相，将罗世文、车耀先二人改化名为张世英、田光祖，从息烽转押至重庆渣滓洞，将他们关押在重禁闭室，并剥夺了放风的自由。8月，一个特务拿了两张飞机票，在渣滓洞放风坝嚷道："恭喜张先生、田先生！接上峰命令，您二位马上转移到南京，蒋委员长要召见你们，然后就可以自由啦！"

罗世文、车耀先意识到最后的时刻已经到来。罗世文立刻从一本俄文册子上撕下一页，急速给党写下了最后的留言：

据说将押往南京，也许凶多吉少！决面对一切困难，高扬我们的旗帜！

老宋处尚留有一万元望兄等分用。

心绪尚宁，望你们保重奋斗！

世文
八月十八正午

罗世文、车耀先镇定地走出牢门，与难友们纷纷伸出牢门的手紧紧握别。当死亡已向他们逼近之时，尚能做到"心绪尚宁"，依然高扬着革命的旗帜，以浩然之气、凛然之身，践行了共产党人"随时准备为党和人民牺牲一切"的庄重誓言！

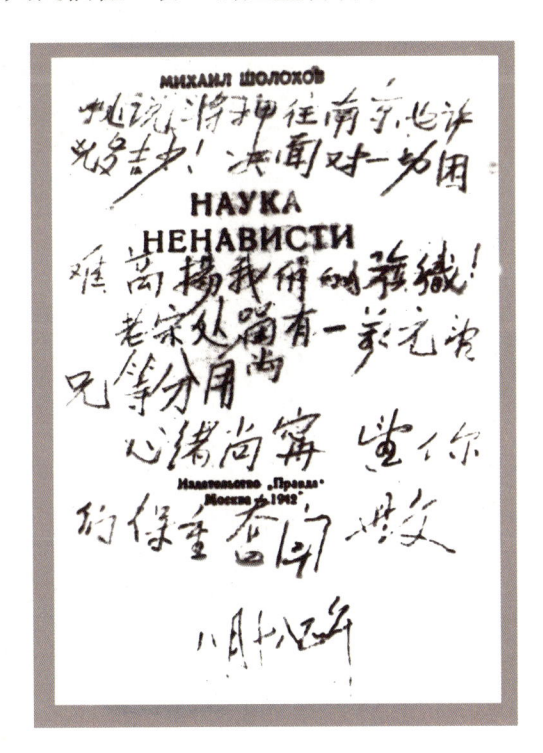

◆ 罗世文烈士遗书

七月里的石榴花

　　七月里山城的石榴花，依旧灿烂地红满枝头。

　　它像战士的鲜血，又似少女的朱唇……

　　石榴花开的季节，先烈们曾洒出了他们满腔的热血……

　　我们要准备着更大的牺牲，去争取前途的光明！

　　这是张露萍发表在息烽监狱党支部《复活周刊》上的诗歌《七月里的石榴花》。在重庆战斗生活的时间虽然短暂，但是给张露萍留下的印象却是如此深刻，火红的七月，鲜红的石榴花。

◆ 张露萍

　　张露萍，原名余家英，四川省崇庆县(今崇州市)人。在成都读中学时，她常去同班好友车崇英家玩，车崇英的父亲是中共川西特委军事委员车耀先。在车耀先的思想启蒙和教育引导下，张露萍积极参加"中华民族解放先锋队"，为宣传抗日救亡四处奔走，大声疾呼。经过如火如荼的抗日救亡运动的锤炼，张露萍逐渐坚定了献身民族解放事业的信念，向往奔赴延安。1937年，在车耀先安排下，张露萍踏上奔赴革命圣地延安的征途。

在延安，沸腾的革命生活让张露萍兴奋不已，从陕北公学到抗日军政大学，从中央组织部干训班到延安文联，再到中央军委通讯学校，她努力奋进、朝气蓬勃。1938年10月，张露萍光荣加入了中国共产党。1939年秋，新婚燕尔的她接受组织委派，赴重庆工作。

经慎重考虑，时任中共中央南方局军事组负责人的叶剑英，决定让她以军统电讯总台电讯人员张蔚林妹妹的身份，负责联络和收取情报、相机发展组织。中共中央南方局军事组的同志专门找她谈话、交代任务。张露萍听后，坚定表示同意组织安排，愿意到最需要的地方去接受党的考验，感谢党的信任！

叶剑英特别提醒张露萍，不应只担任联络员，还应结合现有条件，积极发展组织，在军统电讯总台内部发展特别支部。同时，决定"军统电台特支"由中共中央南方局军事组直接领导，张露萍与雷英夫单线联系。叶剑英鼓励道："我们是在特务组织心脏里开展斗争，将面临各种困难，经受各种考验，一定要建成一个坚强的战斗堡垒去夺取这场斗争的胜利。"

在特支书记张露萍带领下，"军统电台特支"如同一柄锋利出鞘的宝剑直插国民党特工总部的心脏，成功获取了军统电讯总台电报密码、电台呼号、波长图表和军统内部组织概况，以及其全国各地秘密电台分布情况，源源不断的情报被送到中共中央南方局军事组。经过张露萍努力工作，支部成员逐步壮大到7人。他们多次截获密报，协助组织抓获国民党潜入陕甘宁边区搜取情报的特务、帮助地方组织化险为夷。张露萍更是不顾安危，亲自到中共秘密联络站送情报，让处于危险中的组织安全转移。

1940年，因为意外事件，军统"特支七人小组"张露萍、张蔚林、冯传庆、杨光、陈国柱、王席珍、赵力耕全部不幸被捕。

中国共产党已深入军统中枢这件事令戴笠万分震惊，他恼羞成怒，故意释放张露萍，派特务暗中跟踪，伺机欲对周公馆进行大搜捕。机智的张露萍明白特务的阴谋，知道自己进曾家岩50号会给组织带来多大的危害，在路过曾家岩时，虽然步履维艰，但依然坚定而自然地双眼直视前方，从容不迫从曾家岩50号前经过，昂首而行，一步一步。张露萍走过时不曾向周公馆望一眼。特务们的阴谋诡计，被张露萍的镇定彻底击碎！戴笠甚至亲自提审张露萍，用尽各种酷刑，皆一无所获。在狱中，张露萍还鼓励战友们："宁为玉碎，不为瓦全。"

1941年3月，张露萍等7人被转移到贵州息烽监狱。1945年7月，张露萍等7人被敌人押赴刑场。在路上，张露萍带领战友们高唱《国际歌》，悲壮激越的歌声表达了视死如归的大无畏英雄气概。刑场上，张露萍和战友们用尽最后力气高呼："打倒国民党反动派！""中国共产党万岁！"1945年7月14日，党的好女儿张露萍同志壮烈牺牲，年仅24岁。张露萍同志用热血染红了七月的石榴花，其革命精神、革命斗志令人感动和敬佩。

由于隐蔽战线工作的特殊性，且张露萍使用的是化名，加上国民党的严密封锁，党组织一直不知道他们的下落。直到20世纪80年代，党组织才得知张露萍等人早已于1945年牺牲在贵州息烽。曾为息烽集中营秘密党支部委员的韩子栋曾这样评价张露萍等人："我作为狱中中共地下支部负责人之一,完全可以为他们7人作证,证明他们确实是我党忠诚的党员,是杰出的爱国志士。"叶剑英元帅也亲自为张露萍作证:"张露萍为叶剑英在重庆时期单线领导的地下党成员,为我们的情报事业做出了不可磨灭的贡献,她啊,是我们的英雄。"

新时代传承弘扬 *红岩精神* 简明读本

宁关不屈

◆ 许晓轩

在重庆歌乐山革命纪念馆里珍藏着一张字条，这张字条属于国家一级保护文物，上面写着四个字"宁关不屈"，字里行间透露出革命者的斗志和决心。这张字条的书写者就是《红岩》小说中许云峰、齐晓轩的原型——许晓轩。

许晓轩，江苏江都人。1937年，全民族抗战爆发后，许晓轩随公益铁工厂内迁重庆，由救国会负责人沙千里介绍，参加了中国共产党领导的重庆职业互助会的活动。1938年5月，加入中国共产党，并担任中共川东特委青委刊物《青年生活》的编辑和发行工作。1939年春，许晓轩担任中共川东特委青委宣传部长。1940年，调任中共重庆新市区区委书记，在他的组织发动下，新市区党的工作有了很大起色。

1940年4月，由于叛徒出卖，许晓轩不幸被捕，从此过着长期的铁窗生活。他在监狱中用铅笔写下"宁关不屈"四个字，托人捎给亲人，表现了他坚贞不屈的革命意志和跟敌人斗争到底的决心。在贵州息烽集中营，作为狱中中共秘密支部的核心成员，每当危险的时候，许晓轩就鼓励大家："越是关键的时刻，我们越要叫敌人知道，共产党人是不可动摇的。"

1946年7月，许晓轩等人被押到重庆白公馆。在罗世文和车耀先被特务杀害后，许晓轩与谭沈明、韩子栋重新成立了中共狱中临时支部，许晓轩任支部书记。为保存革命力量，经临时支部研究决定，组织难友瞅准时机越狱逃跑，能跑一个算一个，谁有机会谁先跑。许晓轩等人考虑到韩子栋当时在狱中为小卖部和伙食团干杂活，有机会逃走，于是让他做好一切准备。韩子栋利用进出监狱的机会，画了一张道路、壕沟、岗哨等四周环境简图交给许晓轩，并将他在狱中积存的钱换成了现钞。随后他们商量了越狱的具体办法。1947年8月18日，韩子栋利用上街买菜的机会机智逃脱，并历经艰辛到了解放区。此后，许晓轩还曾和李子伯等难友筹划过集体越狱，但终因条件不成熟未能实现。年底，李子伯转囚渣滓洞集中营，临别时许晓轩作《赠别》诗相送："相逢狱里倍相亲，共话雄图叹未成。临别无言唯翘首，联军已薄沈阳城。"表达了对越狱计划未能实现的惋惜心情和对革命充满必胜信心的乐观主义精神。

一次，狱友宣灏在阅读传递《挺进报》白公馆版的纸条时，被看守长杨进兴当场抓住并严刑拷打，追问纸条上的消息是从哪里来，是谁写的？紧急关头，许晓轩毅然挺身而出，承认纸条是他写的。敌人问他消息来源，许晓轩说是在杨进兴办公室里的报纸上看到的。之所以这么笃定，是因为许晓轩知道宣灏传递的消息，是黄显声将军看报后传出的，当然能在杨进兴的办公室里的报上找到。这事要传出去，杨进兴也吃罪不起，只好不了了之。

敌人见硬的不行，便改用软的花招，许诺让许晓轩当会计，并诱以相当高额的津贴。他却回答说："我对倒马桶、洗茅房很有兴趣。"又有一次，白公馆看守所所长丁敏之说："我们打算释放你，并介绍你去教书。"许晓轩答："先无条件放出去，再谈工作吧！"

在狱中，敌人曾要许晓轩保证不越狱逃跑，他义正辞严地拒绝了。面对敌人的严刑拷打、残酷折磨和威逼利诱，许晓轩始终大义凛然，坚强不屈，不为所动。后许晓轩被罚戴重镣，在烈日下做苦工，被关在终日不见阳光的地牢里。

1949年11月27日，重庆解放前夕，国民党蒋介石下令对狱中的革命者进行血腥大屠杀。临刑前，许晓轩高举双手，向每间牢房的战友道别，平静地对大家说："胜利以后，请转告党：我做了党要求

◆ 许晓轩在狱中遗作"宁关不屈"

我做到的一切，直到生命的最后几分钟仍将这样。希望党组织经常注意整党整风，清除非无产阶级意识，保持党的纯洁性。"随后，他从容不迫地走向刑场，蔑视地申斥敌人："你们这些狗东西也活不了几天，人民就要审判你们了！"然后从容就义，年仅33岁。

共产党员的意志是钢铁

"红岩上红梅开,千里冰霜脚下踩,三九严寒何所惧,一片丹心向阳开……"一曲《红梅赞》,是革命者凌霜傲雪、慷慨牺牲的壮歌。这首歌咏叹的形象——蓝旗袍、红线衣、白围巾——早已成为经典。而这个形象的化身就是江姐。

江姐的主要原型是江竹筠,四川自贡人,1939年加入中国共产党,曾任中共重庆新市区区委委员。1947年,以川东临委联络员身份随丈夫彭咏梧到下川东开展武装斗争。1948年1月,彭咏梧在组织武装起义时不幸牺牲。为了安全,组织上劝江竹筠留在重庆。但江竹筠强忍悲痛说:"这条线的关系只有我熟悉,我应该在老彭倒下的地方继续战斗。"

◆ 江竹筠

1948年6月14日,由于叛徒出卖,江竹筠在万县(今万州区)不幸被捕,后被关押进重庆渣滓洞。重庆行辕二处处长、西南特务头子徐远举,得知江竹筠是彭咏梧的妻子和助手后,为了搞清楚下川东起义的组织及活动,亲自审讯江竹筠。江竹筠对徐的审问一概答以"不认识""不知道",随后干脆不予回答。徐远举遂下令用刑。穷凶极恶的刽子手马上拿出一把四棱新筷子,用力夹她的手指,见她痛晕了,就用凉水淋醒，继续施刑。刽子手见得不到答案，就将竹签子、老虎凳等酷刑轮番施加在江竹筠身上，得到的仅仅是江竹筠厉斥："要命就这一条，要组织，没有！"连续数日的残酷刑法，将江竹筠折磨得没了人形。江竹筠在一次次酷刑中昏倒，又一次次在敌人的冷水中醒过来……江竹筠始终牢记她入党时的誓言和党的教育，誓死保护党的组织。她在酷刑面前，淡定从容，视死如归，始终坚贞不屈。"你们可以打断我的手，杀我的头，要组织是没有的。""毒刑拷打，那是太小的考验。竹签子是竹子做的，共产党员的意志是钢铁！"

江竹筠以大无畏的牺牲精神保卫了党的组织和大批同志，感动了狱中难友，他们自发地秘密展开了慰问活动，并亲切地称之为"江姐"。何雪松在狱中专门题写《海燕》来歌颂江竹筠的英勇不屈，称赞她是黑暗中战斗的海燕；用《灵魂颂》歌颂她对党的无限坚贞与忠诚："你又镣铐着回来了，毒刑没有屈服你的忠贞。许多同志因你的忠贞而安全了，革命工作因你的忠贞会开展飞腾。你，你是丹娘的化身，你是苏菲亚（俄国反对沙皇的革命者，被绞死。）的精灵，不，你就是你，你是中华儿女的革命典型。"楼二室的全体难友写道："多次的严刑拷问，并没能使你屈服。我们深深地知道，一切毒刑对那些懦夫和软弱的人，才会有效；对于一个真正的共产党员，它是不会起任何作用的。当我们被提出审讯的时候，当我们咀嚼着两餐霉米饭的时候，当我们子夜被竹梆声惊醒过来，听着歌乐山上狂风呼啸的时候，我们想起了你，亲爱的江姐！我们向你保证，在敌人面前，不软弱，不动摇，决不投降，像你一样勇敢、坚强……"江竹筠的坚贞不屈和英勇斗争，扫却了因为组织遭到大破坏而给监狱注入的沉闷气氛，更激励

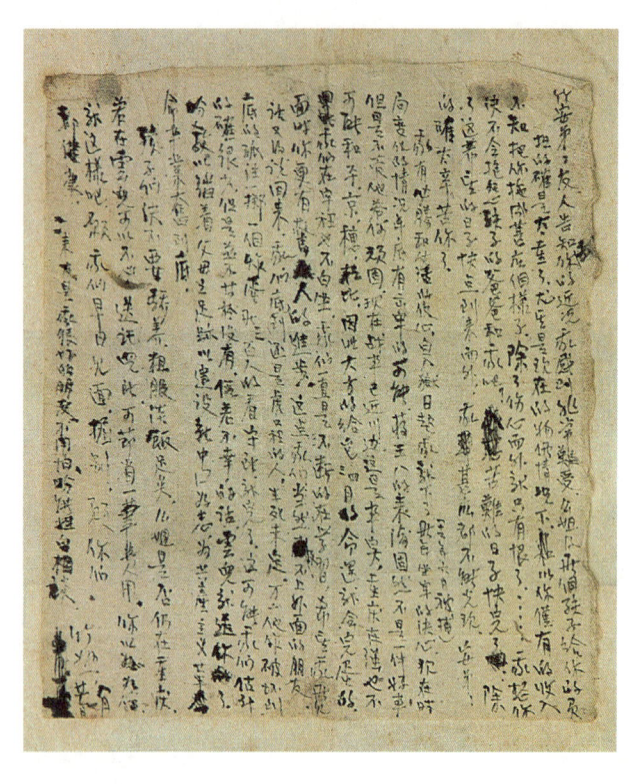

◆ 江竹筠烈士遗书

了整个渣滓洞的难友，使他们更加坚定了革命意志，凝聚力也空前增强，在狱中形成了一个互相勉励互相支持的战斗集体。

1949年8月26日，江竹筠在渣滓洞写了一封家书。狱中笔墨、纸张都难以寻觅，将衣被中的棉花烧成了灰，加上清水，调和成特殊的"墨汁"，再把竹筷子磨成"笔"，将信写在了如厕用的毛边纸上。在这封家书中，江竹筠作了最后的托付："我们到底还是虎口里的人，生死未定……假若不幸的话，云儿就送给你了，盼教以踏着父母之足迹，以建设新中国为志，为共产主义革命事业奋斗到底。孩子们决不要骄（娇）养，粗服淡饭足矣……"

"为共产主义革命事业奋斗到底。"这就是一位钢铁般坚强的女性，给她的孩子留下的全部的财富。1949年11月14日，江竹筠被国民党军统特务杀害于歌乐山电台岚垭，年仅29岁。

永远跟党走

"革命不是贼王们的坐地分赃。革命是斗争，是牺牲，我的未来就是参加革命的社会活动。我随时都有牺牲自己的可能。"这是王朴1941年离开复旦中学时给同学们的临别赠言。

王朴，出生于四川江北县（今重庆渝北区）一个富商家庭。中学时代，王朴目睹国家衰败、民不聊生，面对黑暗阴晦的政治气候，他积极寻找救国救民的真理。1944年夏，王朴考入位于北碚的复旦大学新闻系，参加了党领导的《中国学生导报》的工作，成为复旦大学学生运动的骨干。在党组织引导下，王朴的人生观、价值观、世界观发生了决定性转变。他常常自豪地说："如果不是抗战爆发，找到了共产党和马克思主义，像我这样出身的人，可能读完大学就出去留洋镀金，不会来管国家大事了，这要归功于党的教导。"

◆ 王朴

1945年，根据中共中央关于开展大后方农村工作的指示精神，中共中央南方局青年组动员他回乡办学。王朴坚决响应党的号召，愉快地接受了任务，离开复旦大学校园，抛弃了城市的舒适生活，征得母亲捐资兴学的同意，回到家乡兴办学校。王朴在党组织支持下，在复兴乡大树李家祠堂，开荒填土，平操场，整教室，因陋就简，两个月时间就创办起莲华小学。9月，莲华小学正式开学，有初小和高小各一个班，共100余名学生。学校由金永华任董事长，王朴任校长。党组织也不断调派共产党员、进步青年来江北县农村，协同王朴办校，建立据点，开辟工作。

1946年下半年，鉴于国民党反动派撕毁停战协定，发动全面内战的现实，中共四川省委决定，加强农村工作，准备发动游击战争。为适应革命形势发展，扩大办学影响，加强据点建设，王朴取得母亲金永华的支持，决定停办莲华小学，开办莲华中学。1946年秋，新办的莲华中学从李家祠堂迁到逊敏书院，招生两班，正式开学。学校为将近一半的学生减免学费、膳宿费。学校教学管理严格，富

◆ 位于重庆市北碚区复兴街道书院村的逊敏书院

有勤奋进取的风气，受到当地各界人士的好评，声名远播。同年冬，经过长期培养和考验的王朴，光荣加入中国共产党，实现了他多年的愿望。

1947年2月，中共江北县特支成立，王朴被任命为特支委员。7月，成立中共江北县工委，王朴任工委书记。1947年9月，中共重庆北区工委成立，王朴任宣传委员兼管统战工作。莲华中学即成为北区工委机关所在地，成为江北县和北碚地区党的活动中心。此时，根据上级配合解放战争、在大后方进行武装斗争指示精神，川东党组织急需经费购买粮食、药品和武器。王朴接受了为党筹集大笔经费的任务，决定变卖家产献给他为之奋斗的神圣事业。王朴把想法告诉了母亲，得到了母亲金永华的同意。金永华、王朴陆续变卖了1480石田产和市区的部分沿街房产，折合黄金近2000两，所得款项，一部分支付党的活动经费，一部分存入银行作为党组织活动备用经费。

金永华、王朴大量卖田，引起了社会上一些人士的注意。川东临委指示他们以做生意为名，筹建一家贸易公司，作为川东党组织的一个经济据点。1948年初，王朴在重庆民国路宏泰大楼二楼租了一层楼房，根据党的需要创办了南华贸易公司，将卖田的款项作资本，经营生意，通过公司供给川东地区党组织活动经费。公司开业后，川东临委书记王璞曾来此接头，并提过款，对公司的开创工作十分满意。

1948年4月，王朴因叛徒出卖不幸被捕。王朴被捕后，敌人软硬兼施，威逼利诱，王朴在狱中咬定被人诬陷，敌人除给他冠上

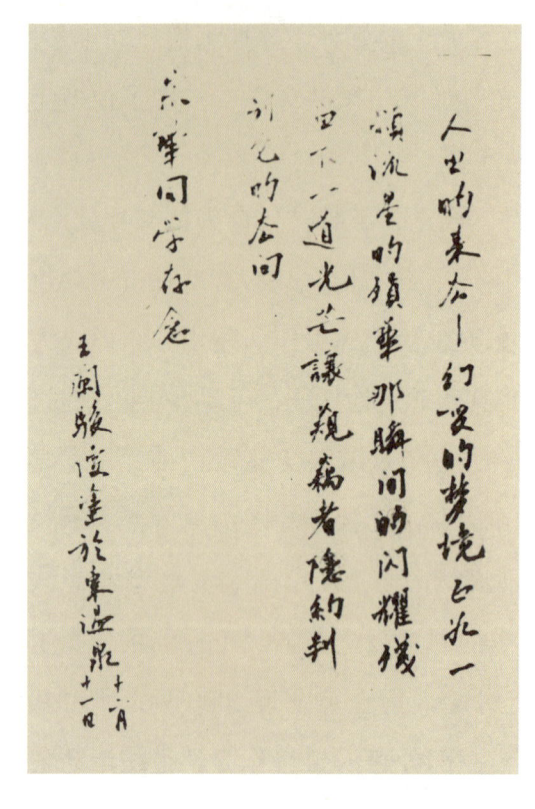

◆ 王朴手迹

"以物资助匪"的罪名外,无更多可靠证据,不得不"劝导"王朴:"像你这样的家庭,这样的社会地位,为什么要跟共产党跑呢?"敌人软硬兼施,威逼利诱,提出三条要求:一是澄清思想;二是交出组织;三是"参加工作",如此这般就可以还王朴自由。王朴铁骨铮铮,在利诱面前,毫不动摇,在"老虎凳""电刑"等酷刑面前,忍受着肉体折磨的痛苦,坚守党的机密。

在与敌人英勇斗争的同时,他考虑到自己随时都可能牺牲,便设法带出口信给母亲和妻子,嘱托她们坚持革命。他在给妻子褚群的信里说:"小群:莫要悲伤,有泪莫轻弹。你还年轻,你的幸福就是我的幸福。狗狗(王朴的儿子的小名)取名'继志'。"在给母亲金永华的信中说:"娘:你要永远跟着学校走,继续支持学校,一刻也不要离开学校,弟、妹也交给学校。"学校指的是党办的莲华中学,实际上是指党。在临近生命最后时刻,王朴将自己未竟的事业寄托于未来、寄托于后来人、寄托于党,其殷切期望和赤子之情,跃然纸上。1949年10月28日，王朴被敌人枪杀于大坪刑场，牺牲时，距他29岁生日还不到一个月。

重庆解放后，当党组织派人带着银行支票到金永华家中去归还当年的借款时，却遭到了她的断然拒绝。她说了一番感人肺腑的话，后来被概括提炼为"三个应该和不应该"，即"我把儿子献给党是应该的，现在享受特殊是不应该的；我变卖财产奉献给革命是应该的，接受党组织归还的财产是不应该的；作为家属和子女，继承烈士遗志是应该的，把王朴烈士的光环罩在头上作为资本向党组织伸手是不应该的"。后经再三劝说，金妈妈最终把这笔钱捐作了重庆市发展妇女儿童福利事业的基金。

为真理而献身

◆ 陈然

　　1947年3月，新华日报社全体人员被迫离开重庆撤回延安。一时间，重庆的人民群众缺少了了解党的声音的渠道。在此情况下，陈然、蒋一苇、刘镕铸等人开始陆续收到党组织从香港寄来的《群众》周刊（香港版）和《新华社电讯稿》，一个个革命胜利的消息，使大家备受鼓舞，无疑成为他们黑暗中前行的一盏指路明灯。他们认为应该把这些鼓舞人民的消息散发出去，于是决定用油印小报的方式把这些消息传播出去，并取名为《挺进报》。

　　《挺进报》很快传到了重庆党组织那里，市委派彭咏梧和他们接上关系，决定将《挺进报》作为重庆市委的机关报，陈然负责油印，成善谋负责抄收消息，并购买收音机直接收听延安电台，同时成立了两个互不直接联系的电台特支和挺进报特支。《挺进报》犹如一把钢刀，直插敌人的心脏，又如一座灯塔，照亮了山城人民前进的道路。后来，为对敌人展开"攻心"战，党组织作出决定将《挺进报》直接寄给敌人，特别是寄向国民党军、警、宪、特头目。

　　《挺进报》的发行在国民政府主席重庆行辕引起轩然大波，重庆行辕主任朱绍良令徐远举限期破案。1948年4月，中共重庆市工委书记刘国定、副书记冉益智等人被捕后叛变，由此引发重庆及川东党组织遭到一连串大破坏。当时陈然收到了党组织以江竹筠2岁的儿子"彭云"的名义发出的紧急转移信："近日江水暴涨，闻君欲买舟东下，谨祝一帆风顺，沿路平安！"陈然收到此信后，猜测党组织可能出了事，但他无法确定该信是否真实，怕贸然行事立即转移而失去和上级组织的联系。所以，他决定，哪怕出现最恶劣的情况，没有确切的消息，也决不撤离！决定找相关同志核实情况并坚持把手上的《挺进报》印刷发行出去再转移。当他坚持到4月22日印完第23期《挺进报》，刚把蜡纸烧掉，门外就传来阵阵脚步声。陈然推开窗户，把准备好的扫帚挂在窗台下面的钉子上，这是给同志们的信号。就在这时，几个便衣特务破门而入，抓走了陈然。

由于从陈然家里发现了《挺进报》，身份暴露，陈然被押走连夜审讯。他坦然承认自己是共产党员，《挺进报》只是他一人所办，其他一概否认。接着，特务头子徐远举亲自审讯陈然，但却遭到这位年轻共产党人的有力反驳。以后，特务连续十多天，对陈然施用了各种酷刑，要他交出《挺进报》的发行人员名单，交待上级组织。陈然几次因重刑而昏死过去，敌人却没有得到一点他们想要的东西。在白公馆，陈然虽历尽酷刑，但仍然坚持斗争，他把从国民党高级将领黄显声那里得到人民解放战争胜利的消息写在纸条上，秘密传给难友，被称为"狱中挺进报"。新中国成立的消息传到白公馆后，他和王朴、刘国鋕等同室难友们抑制不住激动的心情，亲手缝制了一面五星红旗。

◆ 位于重庆市南岸区南滨路钟楼广场侧面坡地的《挺进报》旧址

1949年10月28日，陈然、成善谋等10人在大坪刑场被公开枪杀。在刑场上，陈然挣扎着扯去背后的"死囚标"，转过身面对端枪的刽子手说："你们有种的，正面开枪。"刽子手一时被陈然的英勇气势震慑住了。陈然最后倒在了敌人的枪口下，其浩然之气，何其壮哉！

《论气节》是陈然等人于1947年在《彷徨》杂志上发表的一篇檄文。他以激昂的文字，深刻阐释了气节的真谛。

气节，是中国知识分子的优良传统精神。什么是气节？就是："富贵不能淫，贫贱不能移，威武不能屈"的这种磅礴天地的精神。就是临财勿苟得，临难勿苟免；见利不亏其义，见死不更其守的这种择善固执的精神。在平时能安贫乐道，在富贵荣华的诱惑之下不动心志；在狂风暴雨袭击下能坚定信念，而不惊慌失措，以致于临难勿苟免，以身殉真理。不让自己的行为违悖自己这种认识，而且能坚持到最后，这就是值得崇尚的，一种真正伟大的气节。

最后，陈然用牺牲年轻的生命，为自己的《论气节》作了最透彻的诠释。

"用变秋天为春天的精神"去耕耘

1964年2月7日，出访归国途经昆明的周恩来总理，特意观看了一出根据烈士遗嘱编排的话剧《从荒沙中来的战士》。演出后，周总理走到后台，和大家一一握手，当得知蓝耕荒是重庆渣滓洞殉难烈士的儿子时，神情一下子变得严肃了，握住他的手说："是的，千万不要忘记过去，你更要永远牢记你父亲留下的遗嘱，做革命的好后代。"

蓝耕荒的父亲是谁？他为儿子留下了什么遗嘱呢？

蓝耕荒的父亲叫蓝蒂裕，四川垫江（今重庆垫江）人。青年时参加救亡运动，1939年加入中国共产党。他先在重庆海员工会担任《新华日报》发行员，后又做党的交通工作。1941年底在第二保育院被捕，却又挖墙逃离虎口。在与党一度失掉关系的情况下，他继续自觉从事进步工作。1947年恢复党的关系后，他被派往梁山县（今梁平区）开

◆ 蓝蒂裕全家合影

辟工作，参与筹建梁（平）、垫（江）游击区，不久担任中共梁垫特支书记。他常以肩挑草药、走村串户的"蓝太医"身份出现在垫江、梁平、忠县毗邻的山区，进行发展共产党员、"新青社"社员、"农民翻身会"会员的工作，建立"两面政权""两面武装"，为党组织在这一地区开展武装斗争作了大量工作，深受当地民众拥护，体现了一个革命"耕荒者"的英勇不畏和奉献精神。

1948年冬，因叛徒出卖，蓝蒂裕不幸被捕。在渣滓洞，他屡受敌人酷刑折磨，全身被烙铁烧焦，但始终顽强不屈，表现了高昂的革命气节。1949年10月28日晨，监狱看守窜进牢房，凶狠地叫喊着他的名字。生命的最后时刻到了。蓝蒂裕忙将心中酝酿已久的留给儿子的遗诗写下。

你——耕荒，

我亲爱的孩子：

从荒沙中来，

到荒沙中去。

今夜，

我要与你永别了。

满街狼犬，

遍地荆棘，

给你什么遗嘱呢？

我的孩子！

今后——

愿你用变秋天为春天的精神，

把祖国的荒沙，

耕种成为美丽的园林！

蓝蒂裕将这首充满深情与期待的示儿诗交给同室难友，从容走上囚车，以讽刺的语气对军法官说："再见了！你们双手沾满了革命人民的鲜血，你们绝逃不脱人民的惩罚，不要多久，我就要在阎王殿看见你。"

蓝蒂裕与陈然、王朴等10人英勇就义于大坪刑场。

红岩故事篇

血与泪的嘱托

2018年3月10日，习近平总书记在参加十三届全国人大一次会议重庆代表团审议时发表重要讲话时指出，众多被关押在渣滓洞、白公馆的革命先烈在牺牲前用血的教训提出了"狱中八条"，这意在警示后人，一个政党的思想道德建设是多么重要，一个共产党人的道德情操是多么重要，要特别注意防止领导成员腐化问题，并强调领导干部要讲政德、明大德、守公德、严私德。

◆ 罗广斌

那么"狱中八条"是怎么产生的呢？

"狱中八条"是对失败教训的总结。1948年春起，因川东三次武装起义失败，同时川东党组织因叛徒出卖遭到大破坏，大批共产党人被捕入狱。在监狱里，宁死不屈的共产党人冷静思考，着重从党的自身找问题，总结斗争失败的惨痛教训，向党提出意见和建议。他们相互嘱托，不管是谁，只要是出去了，一定要将狱中同志们饱含血与泪的嘱托转告党组织。1949年11月27日，罗广斌在大屠杀中从白公馆机智脱险。为了完成难友们的嘱托，他夜以继日奋笔疾书，追忆和整理同志们在狱中的讨论和总结，形成了《关于重庆组织破坏经过和狱中情形的报告》，在重庆解放后的第25天即1949年12月25日，呈报给了中共重庆市委。

这份报告如今只剩残件15页，有2万多字，七个部分，现在只存第一、二、三、七等四个部分和第四部分的大部。其中报告第七部分的"狱中意见"共八条约3000余字，后经重庆市委党史研究室原副主任胡康民在1989年发掘整理、提炼概括，形成了我们现在所熟知的"狱中八条"：

1.防止领导成员腐化

2.加强党内教育和实际斗争的锻炼

3.不要理想主义，对上级也不要迷信

◆ 《关于重庆组织破坏经过和狱中情形的报告》部分内容

4.注意路线问题，不要从右跳到"左"

5.切勿轻视敌人

6.重视党员特别是领导干部的经济、恋爱和生活作风问题

7.严格进行整党整风

8.惩办叛徒、特务

把狱中同志的意见集中起来看，最强烈的要求就是加强党的自身建设。在党的自身建设中最重要的是领导班子的建设；在领导班子的建设中要特别注意防止领导成员腐化。这是狱中同志们感受到的最根本、最重要的教训。

堡垒最容易从内部攻破。1948年川东党组织被大破坏，主要是几个领导干部相继叛变，才一度造成难以遏制的破坏势头。叛徒人数很少，但是影响极坏，破坏性极大。其中，大破坏的元凶祸首刘国定，1938年加入中国共产党，在建立和发展党组织的工作中发挥过积极作用，曾受到同志们的好评和领导的器重，被提拔担任川东临委委员、重庆市工委书记这一重要职务。但是，他在骨子里是个人至上主义者，在党内取得了一定的地位，便开始私欲膨胀。据狱中同志揭发，刘国定平时收入有限而追求享受。他想"养情妇做生意"，便向川东临委管经济的干部何忠发（后因刘国定出卖被捕遇害）借钱。何忠发说："组织上有钱不能借；私人没有钱可借。"刘国定对此怀恨在心，便向川东临委书记王璞诬陷何忠发有经济问题。王璞经过调查了解，才发现是刘国定的问题。刘国定被捕叛变后，参加了国民党特务组织，与特务头子徐远举讨价还价，说自己是"省委兼市委"，要求被授予少将军衔，任特务处长。在特务机关，

刘国定也是趾高气扬，除了对徐远举毕恭毕敬以外，根本不把其他特务分子放在眼里。他自以为有"本钱"，还可以继续出卖原先的同志，出卖党组织，为特务立功。为此他还写了一本书叫《共产党的组织和策略》，作为特务机关破坏地下党组织的教材。

"狱中八条"还提出领导机构存在的问题。狱中同志认为川东临委书记王璞（在武装起义中牺牲）的人品是好的，但在发现刘国定的生活作风问题后，却拿他没有办法，投鼠忌器，一直迁就。王璞每次与刘国定会面，两人意见稍有不合，便发生争吵，不欢而散，无法讨论问题。后来，王璞要调刘国定到乡下工作，避开城市环境，刘国定却嫌农村条件艰苦不愿去。王璞对此无可奈何，只好买了一套《三国演义》，回乡看小说、生闷气去了。对此，狱中同志们尖锐地指出，这种软弱无能，听任自流也是领导机构的一种腐败，认为之所以会出现领导干部腐化的现象，除了个人品质上的问题以外，还由于在地下环境中，党员干部长期隐蔽，相对平静安全，缺乏激烈斗争的锻炼，少数人脱离党和党员的监督，容易滋长消极和腐化。

"狱中八条"自面世以来，之所以如此震撼人心，是因为党心、民心和烈士的心灵犀相通，紧密相连。它是数百名烈士用鲜血和泪水凝铸出来的，透映着烈士群体血肉模糊的身影，熔铸着烈士群体无私奉献和崇高人格的形象，因此特别具有说服力和感染力；它朴实无华，明白简洁，却内涵丰富，揭示了党内生活和社会生活中的许多规律，所以才能经受住历史的检验，发人深思，促人猛省；它具有旺盛的生命力，地下斗争时期，考验共产党员的是生死关、毒刑拷打关、敌人收买关。叛徒们过不了这几关，出卖的是革命，是党的组织，是党员的生命。如今，考验共产党员的是名利关、美色关、权力关。腐败分子们过不了这几关，出卖的是党的事业，是党的形象，是党和人民的血肉联系。腐败分子就是新时代共产党的叛徒。因此，我们今天仍然要按照烈士的遗愿严惩"叛徒"！

后 记

为深入学习贯彻党的二十大精神和习近平文化思想，落实市委六届二次、三次全会部署要求，进一步加强新时代传承弘扬红岩精神工作，不断提升红岩精神在全国的影响力，根据市委常委、宣传部部长姜辉同志的指示，在市委宣传部的领导下，我们编写了本书。

本书的编写工作在市委党史研究室室务会领导下进行，室主任姚红，副主任徐光煦、周廷勇参与书稿的策划和指导工作，徐光煦具体负责组织编写工作，姚红审定书稿。为加强书稿的编写工作，我们还邀请了重庆红岩革命历史文化中心、西南大学的专家学者共同参与，参加撰写的同志有简奕、黎余、徐术、高大红、丁英顺、郭亮。市委党史研究室有关处室和同志为本书的编写出版做了大量的服务协调工作。

本书在编写和出版过程中，我们征求并充分吸收了市委宣传部、市委台办、市政协文化文史和学习委员会、市委党校、市社科院、市地方志办、市档案馆、重庆红岩革命历史文化中心、重庆中国三峡博物馆、重庆大学、西南大学、重庆工商大学等有关市级部门、科研单位、高校的领导和专家学者的意见建议，得到了重庆日报报业集团、重庆红岩革命历史文化中心、特园中国民主党派历史陈列

后　记

馆、重庆市话剧院、北碚区委统战部、重庆出版集团等单位的大力支持并提供了有关照片，在此表示衷心的感谢。同时，我们借鉴和吸收了近十年来部分专家学者的研究成果，恕不一一注明，在此致以诚挚的谢意。

我们深知，红岩精神博大精深、内容丰富，要浓缩在这样一部几万字的读本中，是一件很不容易的事，书中不当、不周之处在所难免。恳请广大读者朋友批评指正。

本书编写组
2023年12月